SCHNITZ MIT!

Die messerscharfe Kinderschnitzschule

SCHNITZ MIT!

MIT MOTIV-
SCHMIRGELPAPIER

INHALTSVERZEICHNIS

DOWNLOAD

Viele Elemente, beispielsweise eine Zielscheibe, stehen für dich zum Download bereit. Den Downloadcode findest du im Impressum auf Seite 92.

VORWORT

Für Kinder ist das Schnitzen mit einem Messer ein echtes Abenteuer! Lassen Sie sich darauf ein – Sie und Ihr Kind werden begeistert sein! Der Workshop-Teil erklärt die Grundlagen des Schnitzens anhand cooler Modelle, der Umgang mit dem Messer wird außerdem in der Grundanleitung sorgfältig erklärt.

Leckere Ideen für die Lagerfeuerküche und Spielanregungen sorgen rundum für naturnahe Beschäftigung. Da kann man dann gleich das selbstgeschnitzte Blasrohr ausprobieren oder mit dem handgeschnitzten Holzlöffel das ebenfalls selbstgekochte Karamell verkosten.

Alle Sicherheitshinweise, Rezepte und Spielregeln stehen zusätzlich zum, Download bereit, sodass man sie ausdrucken und prominent aufhängen kann, sollte man ein Gruppenevent, wie beispielsweise einen Waldgeburtstag, planen.

Ich selbst schnitze seit über 30 Jahren und gebe seit zehn Jahren für die Naturschule Deutschland und das Waldhaus in Freiburg Kurse für Kinder und Erwachsene im Grünholz-schnitzen und dem Kochen am offenen Feuer. Was Ihnen hier vorliegt, ist also erprobt und kindgerecht.

Viel Spaß beim Schnitzen, Spielen und Schlemmen,

Ihr *Markus Stickel*

SCHWARZMALEREI

Kohlestifte ●○○

MATERIAL

- 2–3 frische Weidenäste, ø 0,5–1 cm
- Holunderäste, ø 1–1,5 cm
- leere Blechdose
- Lagerfeuer
- Sand oder Erde
- Kastanienbohrer (alternativ Nagel oder Zelthering)
- Säge
- Astschere
- Schnitzmesser
- feuerfeste Handschuhe

1 Mit der Astschere werden die Weidenzweige zugeschnitten: Die Äste sollten einen halben Zentimeter kürzer als deine Dose sein, damit sie nicht über den Rand hinausragen.

NATUR-INFO

Weidenzweige erntest du im Februar, bevor sie anfangen auszuschlagen. Weiden findest du oft in der Nähe von Gewässern.

2 Fülle nun die Blechdose mit Sand auf. Beim Befüllen solltest du die Dose immer wieder auf eine stabile Unterlage klopfen, damit der Sand gut zwischen die Äste rieselt. Am Schluss bekommt die Dose noch einen „Deckel" aus Sand, sodass wirklich alle Aststücke komplett bedeckt sind.

6 Die Kohlestifte aus Weidenästen funktionieren prima, aber sie zerbrechen leicht. Du kannst deinen Kohlestift als Mine in einen ausgehöhlten Holunderast stecken, so ist er weniger empfindlich. Dazu schneidest du einen Holunderast von der entsprechenden Länge und dem Durchmesser des Kohlestifts ab und drückst das Mark heraus.

3 Jetzt stellst du die gefüllte Dose für 1,5 h seitlich an ein Feuer in die Glut.

7 Drücke vorsichtig eine Weidenkohlenmine in den ausgehöhlten Holunderast.

4 Lass dein Feuer herunterbrennen und die Dose mit Inhalt in der Feuerstelle abkühlen.

5 Achtung! Teste vorsichtig, ob die Dose wirklich abgekühlt ist, indem du ein paar Tropfen Wasser auf das Blech spritzt. Wenn es nicht mehr zischt, ist die Dose nicht mehr heiß. Trotzdem solltest du feuerfeste Handschuhe tragen, wenn du sie aus der Feuerstelle holst. Die Dose ausschütten und die fertigen Kohlestäbe aus dem Sand sammeln.

8 Fertig ist der selbstgemachte Kohlestift! Und er funktioniert bestens! Wenn die Spitze vorne verbraucht ist, kannst du entweder den Holunderast anspitzen, bis die Kohlemine wieder herausragt, oder du schiebst einfach ein neues Stück Kohlemine von hinten nach.

AUFGEGABELT

Gabel aus Haselzweig ● ● ○

MATERIAL

- Haselnusszweig, ø 2–3 cm, 20 cm lang,
- Bleistift (oder Kohlestift von Seite 12)
- Kastanienbohrer
- Schnitzmesser

1 Markiere den Griff, ihn sparst du aus. Schnitze den vorderen Teil auf zwei Seiten flach bis der flache Abschnitt nur noch 1 cm stark ist. Benutze hierzu am Anfang den ziehenden Schnitt und für den Übergang zwischen Griff und Vorderteil den Daumenschieber mit Drehung (siehe Seite 76).

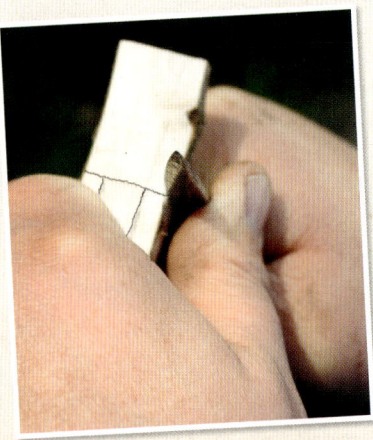

3 Setze am unteren Ende des Gabelkopfes auf beiden Seiten einen Stoppschnitt.

2 Zeichne auf den flachen vorderen Teil die Umrisse deiner Gabelforke.

4 Mit dem Daumenschieber arbeitest du den Griff der Gabel aus. Dabei schiebst du das Messer vorsichtig mit dem Daumen der Holzhand auf beiden Seiten gegen die Stoppschnitte. Achte darauf, dass du nicht zu stark schiebst, sonst rutschst du über den Stoppschnitt heraus und dann kann der Gabelkopf zu schmal werden.

5 Zeichne auf den Gabelkopf eine V-Kerbe auf.

6 Bohre mit einem dünnen Kastanienbohrer dort ein Loch in den Gabelkopf, wo sich die beiden Linien berühren.

7 Setze die Messerspitze an dem Loch an und schiebe die Klinge mit dem Daumen der Holzhand entlang der V-förmigen Linien bis zum Ende des Gabelkopfes. So entsteht eine Kerbe, die du immer weiter vertiefen kannst.

8 Führe das auf beiden Seiten der Gabel durch, bis die Kerbe so tief ist, dass in der Mitte eine V-förmige Öffnung entsteht.

9 Flache die beiden Schenkel der Gabel auf beiden Seiten etwas ab und spitze sie dann an, indem du rundherum Material wegschnitzt.

> **Vorsicht!** In der Mitte zwischen den beiden Schenkeln darfst du auf keinen Fall mit der Klinge deines Messers hebeln, sonst besteht die Gefahr, dass sich entlang des zentralen Markstrangs ein Riss ergibt und die Gabel in zwei Hälften spaltet.

10 Wenn die Zinken der Gabel spitz genug sind, kannst du die Ecken des Gabelkopfes und die Kanten am Stiel abrunden.

11 Mach aus deiner Gabel ein echtes Unikat: Verziere deinen Griff, sodass du deine Gabel immer wiedererkennst (schau dazu auch mal auf Seite 77).

FRANZÖSISCHES FEUERFOOD

Lagerfeuer-Eclairs

MATERIAL

- 1 Päckchen Vanillepudding
- Frühstücks-Schokocreme
- Pro Kind 1 Stock, ø 2,5–3 cm, 1,5 m lang
- Lagerfeuer mit Glut
- Schnitzmesser
- Säge

Stockbrotteig:
- 500 g Mehl
- 1 Würfel Hefe (alternativ 1 Päckchen Trockenhefe)
- 250 ml warme Milch
- 2 EL Vollrohrzucker
- Prise Zimt

EXPERTENTIPP

Ich nehme immer Stöcke mit einem Durchmesser von etwa 3 cm, da man das gebackene Stockbrot dann sehr gut füllen kann: Teste mal Schokoriegel, gegrillten Käse oder Grillwürstchen!

DOWNLOAD

Du kannst das Rezept und eine Ratz-Fatz-Variante auch zum Mitnehmen ausdrucken – den Downloadcode findest du im Impressum auf Seite 92.

1 Bereite zuerst einen süßen Stockbrotteig zu: Milch etwas erwärmen. Die Hefe und den Zucker in die lauwarme Milch einrühren. Das Mehl und den Zimt verrühren und mit der Milch-Hefe-Mischung verkneten. Abgedeckt für eine Stunde an einem warmen Ort gehen lassen. Währenddessen kochst du eine Portion Vanillepudding nach Packungsanleitung. Zum Schluss holst du noch das Glas mit Schokocreme vom Regal. Nimm alles mit an deine Feuerstelle.

2 Zum Backen der Eclairs benötigt jeder Bäcker einen Stock. Am dickeren Ende schälst du auf einer Länge von 10–15 cm mit flachen Schnitten die Rinde vom Stock. Den Rest des Stocks kannst du nach Belieben mit Mustern verzieren und immer wieder verwenden.

3 Nimm eine etwa billardkugelgroße Portion Teig, rolle zwischen deinen Händen daraus eine Schlange und wickle sie um das geschälte Ende deines Stocks. Das Stockende muss auch im Teig eingewickelt sein, sonst kokelt die Spitze an! Streiche den Teig glatt.

4 Gebacken wird über der Glut eines heruntergebrannten Feuers. Dabei den Stock langsam drehen, bis alle Seiten knusprig und hellbraun sind.

5 Es gibt zwei Hinweise darauf, dass dein „Stock-Eclaire" fertig ist: Es klingt hohl, wenn man mit den Fingerknöcheln darauf klopft, und es lässt sich leicht vom Stock ziehen, ohne Teigreste am Stock zu hinterlassen.

6 Jetzt füllst du die fertigen Eclairs mit dem Vanillepudding und streichst anschließend eine Portion Schokocreme oben drauf!

NATUR-INFO

Und nach dem Kochen: Müll mitnehmen! In der Natur zurückgelassener Müll sieht nicht nur hässlich aus – Wildtiere können sich daran verletzen oder fressen ihn und sterben dann daran.

KLIMPERKETTE

Holunderperlen-Schmuck ●○○

MATERIAL

- Holunderäste, ø 1,5–2 cm
- Schnitzmesser
- Astsäge
- Kastanienbohrer
- Schleifpapier, 80er oder 100er Körnung
- Lederband, ø 2–3 mm, 45 cm lang

1 Suche dir Holunderäste, die mindestens einen Durchmesser von 1,5 cm haben.

EXPERTENTIPP

Die Perlen kannst du abschließend mit der Holzbrennstation verzieren oder einfärben (siehe Seite 80). Mit den Perlen kannst du eine Halskette oder ein Armband aufziehen, einen Schlüsselanhänger basteln oder einem Bleistift einen „Kopf" aufstecken.

2 Verwende einen Abschnitt ohne „Knoten" (siehe Seite 20).

3 Setze 4–5 cm von einem Ende des Holunderastes einen umlaufenden Stoppschnitt. Als nächstes kommt der zweite umlaufende Stoppschnitt in Richtung des anderen Endes des Asts. Je nachdem wie groß der Abstand der beiden Stoppschnitte ist, wird es entweder eine runde oder eine eher ovale Perle.

4 Jetzt schnitzt du mit dem Daumenschieber eine umlaufende Kerbe auf den ersten Stoppschnitt zu.

5 Schnitze auf den zweiten Stoppschnitt ebenfalls eine umlaufende Kerbe zu. Jetzt wird auch klar, warum du die Perle nicht am Ende des Astes schnitzen solltest, sondern ein wenig zur Mitte hin eingerückt: Du brauchst das übrige Ende zum Festhalten, nachdem du den Ast gedreht hast, um auf den zweiten Stoppschnitt hin zu schnitzen.

6 „Biber-Technik": Um die Perle fertigzustellen, musst du die Kerben so weit vertiefen, bis sie das Holundermark erreichen und abbrechen.

7 Mit dem Messer kannst du die Bruchstellen auf beiden Seiten etwas glätten. Schütze deinen Daumen dabei mit Tape! Dann bohrst du mit dem Kastanienbohrer oder einem stabilen Ast das Mark aus der Perle. Vorsicht! Halte die Perle dabei immer so, dass die Spitze des Werkzeuges dich nicht treffen kann, wenn sie aus der Perle herauskommt!

8 Reibe die Perle mit Schleifpapier ab und ziehe sie auf ein Lederband auf.

MIT VIEL PUSTE

Blasrohr aus Holunder ● ● ○

MATERIAL

- Holunderzweig (möglichst gerade), ∅ 1–2 cm, 20 cm lang
- Zelthering, länger als dein Blasrohr
- Schnitzmesser
- Astsäge
- 10 Zahnstocher

EXPERTENTIPP

An den Holunderästen gibt es in regelmäßigen Abständen Verdickungen (Knoten), aus denen die Seitenäste wachsen. An diesen Stellen ist das Mark sehr schwer herauszubohren. Meide diese Stellen für dieses Projekt!

DOWNLOAD

Eine Zielscheibe steht für dich zum Download bereit – den Downloadcode findest du im Impressum auf Seite 92.

1 Suche dir einen Holunderast, der möglichst gerade ist und einen Durchmesser von maximal 2 cm hat.

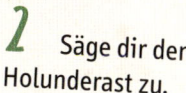

2 Säge dir den Holunderast zu.

3 An den Enden des Asts kann man das weiche Mark sehen.

4 Jetzt kannst du mit deinem Zelthering oder einem langen Stock vorsichtig das Mark aus dem Holunderast herausdrücken. Achte darauf, dass der Hering oder der Ast etwas länger als dein Holunderast ist und den gleichen Durchmesser hat wie das Mark.

5 Mit dem Schnitzmesser glättest du die Ränder des Blasrohrs, damit du dir beim Pusten durch das Rohr keine Spreißel in die Lippen ziehst. Du kannst dein Blasrohr auch noch mit Rindenmustern oder mit dem Brennwerkzeug verzieren (siehe Seite 81).

6 Präpariere deine Blasrohrpfeile: Nimm ein 1 cm langes Stück Holundermark und stecke es auf einen Zahnstocher. Für Indoor-Spiele eignen sich auch Wattestäbchen als Geschosse.

7 Zum Schießen suchst du dir eine freie Fläche. Du steckst einen Pfeil am Mundende in das Blasrohr, setzt es an die Lippen und bläst mit einem kräftigen Atemstoß den Pfeil aus dem Rohr. Die Pfeile fliegen bis zu 6 m weit.

NATUR-INFO

Ein Blasrohr ist eine Waffe, die von verschiedenen indigenen Völkern zur Jagd oder im Kampf genutzt wird. Gehe verantwortungsvoll damit um! Wichtig ist, dass du mit dem Blasrohr auf keinen Fall in Richtung eines Menschen oder Tieres zielst.

DAS FEUER-ANBLAS-ROHR

Blasrohr-Variante

1 Ein Feuer Anblasrohr geht fast genauso wie das Blasrohr: Gleiche Technik, ist aber kürzer und gerne mit dickerem Durchmesser. Damit kannst du aus glimmernder Glut ein knisterndes Feuer entfachen.

2 Deine Holunderschnitzerei kannst du mit Rindenmustern versehen. Wenn du sie hingegen komplett schälst bekommt sie eine Farbe, die an Elfenbein erinnert. Du kannst das Holz auch färben. Dafür eignet sich der Saft von den Holunderbeeren oder Rote Beete oder du verwendest Lebensmittelfarben (siehe Seite 80). Eine weitere sehr schöne Art Schnitzereien zu verzieren, ist die des Einbrennens. Dazu kannst du eine elektrische Holzbrennstation benutzen, bei der du verschiedene Aufsätze und Spitzen nutzen kannst. Oder du fertigst dir einfache Brennspitzen selbst an (siehe Seite 81).

DOWNLOAD

Eine Schritt für Schritt-Anleitung steht für dich zum Download bereit – den Downloadcode findest du im Impressum auf Seite 92.

JETZT HEBEN WIR AB!

Hasel-Hubschrauber •••

MATERIAL

- Haselast, von dem ein dünnerer Ast abzweigt, ø 6 cm, 25 cm lang
- Holunderast oder Bambus
- 3 Eisstiele
- 5 Nägel, ø 2 mm, 5 cm lang
- Schnitzmesser
- Säge
- Astschere
- Hammer
- Bohrer, ø 2 mm
- Zahnstocher
- Holzleim
- Bleistift

Der Hubschrauber geht auf der nächsten Seite weiter ...

1 Suche dir einen Ast mit einer kleinen Gabelung und säge ihn zu. Entferne die Rinde.

2 Auf deinen Ast zeichnest du die Umrisse eines Hubschraubers auf.

3 Arbeite mit dem Messer die Umrisse der Hubschrauber-Kabine heraus. Du kannst auch zu Anfang mit der Säge einige größere Stücke entfernen, das geht schneller.

4 Jetzt drehst du dein Werkstück auf die Seite und zeichnest die Umrisse der Kabine und der Heckflosse auf.

5 Schnitze deinen Hubschrauber fertig. Du kannst auch hier zuerst mit einer Säge arbeiten, um deine Kräfte zu schonen. Dann musst du nur die Feinheiten mit dem Messer herausarbeiten.

6 Für die beiden Heckrotoren halbierst du einen Eisstiel und schnitzt die beiden Sägekanten wieder rund. Dann bohrst du mit dem Bohrer ein Loch in die Heckflosse und steckst einen Zahnstocher hindurch. Auf beiden Seiten schiebst du nun einen Abstandhalter aus Holunder auf die freien Enden des Zahnstochers und zum Schluss noch die beiden Heckrotoren. Die überstehenden Stücke des Zahnstochers kannst du abschneiden und auf die Enden einen Tropfen Holzleim geben, damit die Rotoren sich nicht lösen.

7 Die Rotorblätter für den Hauptrotor spaltest du mit der Messerspalttechnik (siehe Seite 78) von einem Reststück ab. Sie sollten ungefähr 8 cm lang und 1 cm breit sein. Ein Ende der Rotorblätter spitzt du mit dem Messer an. Die Spitze sollte ungefähr 1,5 mm breit sein.

8 Für die Rotornabe sägst du ein 1,5 cm langes Stück von einem Ast mit Durchmesser 1,5 cm ab. Der Ast sollte schon trocken sein, damit das Stück nicht reißt, wenn die Rotorblätter hineingesteckt werden. Zeichne auf die Schnittfläche ein Kreuz durch den Mittelpunkt ein und bohre mit dem Bohrer an den Seiten vier Löcher, wo die Striche an den Rand stoßen.

9 Ein weiteres Loch kommt in die Mitte der Scheibe. Gebe auf die angespitzte Seite der Rotorblätter einen Tropfen Leim und stecke sie vorsichtig in die vier Löcher auf der Seite der Scheibe. Durch das Loch in der Mitte steckst du einen Nagel und schiebst eine Abstandshülse aus Holunder oder Bambus auf, sodass noch 1 cm von der Nagelspitze herausschaut.

10 Aus zwei Eisstielen machst du mit vier Nägeln die Kufen für den Hubschrauber. Es geht besser, wenn du die Löcher für die Nägel in dem Hubschrauber vorbohrst. Dann nagelst du die Kufen auf die Unterseite der Kabine.

11 Auf der Oberseite der Kabine bohrst du wieder ein Loch für den Hauptrotor vor und steckst den Nagel mit der Abstandshülse und dem Rotor in das Loch. Ready for take off!

GRUPPENSPIELE FÜR WALD UND WIESE

So wird der Schnitz-Geburtstag ein Hit!

Fledermaus & Motte

Alle Kinder stellen sich zum Kreis auf – das ist der Nachtwald. In der Mitte stehen zwei Kinder, die Motte und die Fledermaus. Der Fledermaus werden die Augen verbunden. Jetzt jagt sie per Echolot: Sie schlägt ihre beiden Äste zusammen, die Motte antwortet jedes Mal mit Astklappern. Kann die Fledermaus die Motte erhaschen?

Varianten: Ist der Wald zu groß, stellen sich die Kinder-Bäume enger zusammen. Es kann auch zwei oder drei Motten geben! Manchmal rauscht der Wald auch zur Ablenkung ...

MATERIAL

- 4 kleine Äste
- Tuch

MATERIAL

- dicker Ast, ø ca. 5 cm
- Astsäge
- Sägebock
- ggf. Stoppuhr, Bohrer, Schnur, wasserfester Filzstift

Scheibensägen

Der Ast wird auf den Sägebock gelegt und dann darf jeder möglichst schnell eine möglichst gerade Astscheibe absägen, die nicht dicker als 2 cm sein darf. Es gelten nur komplette Scheiben! Es gibt mehrere Sieger: die schnellste Scheibe, die dünnste Scheibe, die gleichmäßigste Scheibe...

Wenn man außerdem noch eine Brennstation (oder Stifte) dabei hat, einen Bohrer und Schnur, kann man aus den gesägten Scheiben gleich noch schöne Medaillen anfertigen.

Kettenfangen

Zuerst wählt ihr zwei Fänger aus. Diese beiden halten sich an der Hand und lassen sich während des gesamten Spiels nicht mehr los. Die Aufgabe der beiden Fänger ist es nun, andere Kinder zu schnappen. Wird ein Kind durch eine Berührung gefangen, reiht sich dieses in die Fängerkette ein. So wird die Kette immer länger und die anderen Kinder haben es immer schwerer den Fängern zu entkommen. Achtung, nur die beiden äußeren Fänger der Kette dürfen andere Kinder fangen. Achtet außerdem darauf, dass eure Kette nicht auseinanderreißt. Denn passiert das, darf so lange kein Kind gefangen werden, bis ihr euch wieder als Kette zusammengefunden habt. Gewonnen hat das Kind, das am Schluss noch übrig ist.

MATERIAL

- Nüsse (oder Eicheln oder Kastanien)
- Stoppuhr

Eichhörnchenspiel

Jedes Kind bekommt zehn Haselnüsse. Alle versammeln sich im Eichhörnchenbau. (Wer weiß, wie der Bau heißt? Richtig, Kobel.) Wir stellen uns vor, es ist Herbst und wir sind alle Eichhörnchen. Jedes Eichhörnchen hat nun fünf Minuten Zeit seine Wintervorräte zu verstecken. Die Auswahl der Verstecke ist dabei völlig frei und auch die Zahl der Nüsse pro Versteck bleibt jedem selbst überlassen. Die Eichhörnchen kommen wieder in den Kobel.

Die Eichhörnchen kuscheln und schlafen ein. Es wird Oktober und die Nächte sind schon recht kühl. Anfang November kommt der erste Frost und die Eichhörnchen erwachen, sie haben Hunger. Alle Eichhörnchen haben drei Minuten Zeit, um sich mindestens drei Nüsse zu holen und wieder in den Kobel zurückzukommen. Die Nüsse werden dem Spielleiter übergeben. Wer keine drei Nüsse findet, oder zu spät in den Kobel kommt scheidet aus.

Die erfolgreichen Eichhörnchen schlafen wieder gesättigt ein. Es wird Dezember und kurz vor Weihnachten wird es so kalt, dass die Eichhörnchen im Kobel erwachen und auf Futtersuche gehen müssen, um wieder warm zu werden. Diesmal haben sie zwei Minuten Zeit, um mindestens vier Nüsse zu finden und wieder in den Kobel zurückzukehren. Wer nicht genug bringt oder zu viel Zeit braucht, scheidet wieder aus.

Die restlichen Eichhörnchen kuscheln sich wieder im Kobel zusammen und schlafen ein. Gegen Ende des Winters, im Februar, kommt die nächste Kältewelle und die Eichhörnchen erwachen wieder. Ihnen bleiben wieder nur zwei Minuten, um die restlichen drei Nüsse aus ihren Verstecken zu holen und in den Kobel zurückzukehren. Mal sehen, wie viele Eichhörnchen übrigbleiben!

GRANDIOSER GREIFER

Haselnuss-Grillzange ● ○ ○

MATERIAL

- Haselast, ø 2–3 cm, 40 cm lang
- Holzstück, ø 1 cm, 1 cm lang
- Astschere
- Säge
- Schnitzmesser
- Wickeldraht (alternativ feste Schnur)

1 Säge dir einen passenden Ast zu.

2 An einem Ende wickelst du auf den letzten 5 cm den Draht oder die Schnur fest um den Ast. Wenn du Draht verwendest, achte darauf, dass die Enden flach anliegen oder sogar ein Stück ins Holz gedrückt sind.

3 Suche dir eine feste Unterlage und spalte den Ast vorsichtig bis kurz vor die Drahtstelle mit der Messerspaltmethode (siehe Seite 78). Der Ast soll nicht vollständig gespalten sein!

4 Jetzt brauchst du ein kurzes Stück Holz von ca. 1 cm Durchmesser. Führe das Holzstück langsam zwischen die beiden Asthälften bis kurz vor Ende des Spaltes. Achte darauf, dass sich der Spalt dabei nicht über den Draht hinaus verlängert.

EXPERTENTIPP

Möchtest du die Zange verwenden, um Glutstücke aus dem Feuer zu nehmen (beispielsweise, um den Löffel auf Seite 60 oder den Becher auf Seite 30 zu machen), dann ist es ratsam, die Holzzange vorher zwei Stunden ins Wasser zu legen.

5 Die Zange greifst du vor dem eingeschobenen Holzstück und drückst die beiden Arme der Zange zusammen. Testen sie, um zu sehen, wie viel Druck die Zange aushält!

6 Damit du die Zange optimal benutzen kannst, schnitzt du nun mit geraden ziehenden Schnitten die Enden der beiden Arme flach.

WALDKELCH

Becher oder Schale herstellen • • •

MATERIAL

- Äste, ø 8–10 cm, ca. 15 cm lang
- Stift (alternativ Kohlestift von Seite 12)
- kleines Feuer mit guter Glut
- Zange, z. B. die gewässerte Grill- zange von Seite 28
- Schnitzmesser
- Säge
- Schmirgelpapier

1 Zeichne dir den Innendurchmesser für deinen Becher auf. Suche dir einen kleinen Ast, der zum Festhalten der Glut auf dem Holz dient.

2 Nimm die Zange und hole dir vorsichtig ein Stück Glut aus dem Feuer. Das Glutstück legst du in den gezeichneten Kreis und hältst es dort mit dem kleinen Ast fest. Puste vorsichtig auf das Glutstück, sodass es heiß glüht. Achte darauf, dass niemand von umherfliegenden Funken getroffen wird.

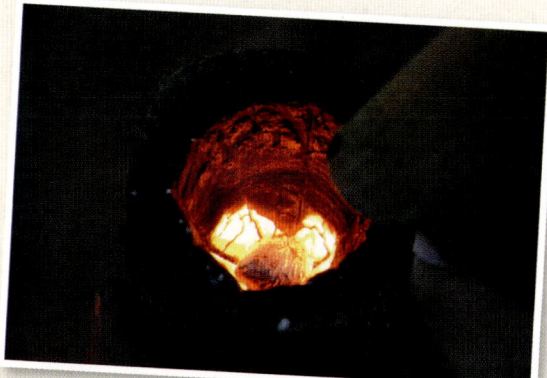

3 Nach ein paar Minuten wirst du sehen, dass sich unter dem Glutstück eine Kuhle bildet, die sich immer mehr vertieft. Um die Kuhle möglichst gleichmäßig rund herauszubrennen, kannst du einfach den Becher immer wieder drehen und in die Richtung auf die Glut blasen, in der noch Material entfernt werden muss.

4 In die Bereiche, in denen du schon genug Material entfernt hast, kannst du zum Schutz ein wenig feuchte Erde auftragen, damit dort die Wand deines Bechers nicht zu dünn wird oder gar durchbrennt. Zwischendurch kannst du immer wieder die angekohlten Bereiche mit einem stabilen Stock auskratzen, um zu sehen, wie tief du bereits bist.

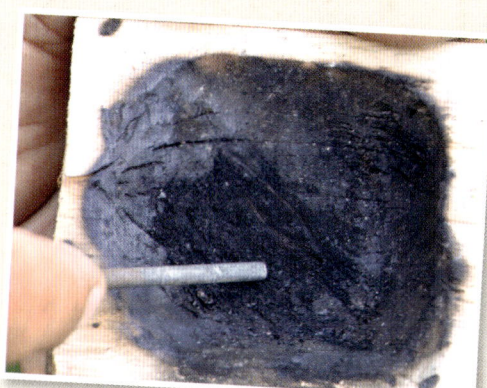

5 Fertig? Kratze die verkohlten Teile gründlich mit dem Stock heraus und nutze dann das Sandpapier, um die restlichen Kohleteile herauszuschmirgeln und die Wände zu glätten. Zum Schluss rundest du mit Messer und Sandpapier noch den oberen Rand ab und fertig ist dein Waldkelch.

Hinten im Buch findest du praktisches Motiv-Schmirgelpapier!

SCHNITZ MIT!

HOCH DIE TASSEN!

Herbstlicher Waldpunsch

MATERIAL

- Topf
- ein kleines Feuer
- Apfel-, Johannisbeer-, Holunder- oder Quittensaft
- Früchtetee (pro Liter Saft 0,5 l Tee)
- eine Zimtstange
- Orangenscheiben
- Honig

Mische die Zutaten im Topf und erwärme den Punsch langsam über dem Feuer. Wenn der Punsch warm genug ist, kannst du ihn mit Honig abschmecken, in die Becher füllen und mit deinen Schnitzkumpanen anstoßen. Prost!

ANGRIFF DER NORDMÄNNER

wildes Wikingerschach ● ○ ○

MATERIAL

- Haselnussast, gerade, ø ca. 6–7 cm, 150 cm lang
- Haselnussast, gerade, ø ca. 4 cm, 180 cm lang
- Haselnussast, gerade, ø ca. 2 cm, 120 cm lang
- Haselnussast, gerade, ø ca. 7–8 cm, 30 cm lang
- Bleistift (alternativ Kohlestift von Seite 12)
- Schnitzmesser
- Säge

1 Fürs Wikingerschach benötigt man viele „Kubbs", Spielhölzer. Arbeite am besten mit ein paar Freunden zusammen: Aus dem Ast mit dem Durchmesser 6–7 cm sägst du zehn 15 cm lange Stücke.

EXPERTENTIPP

Lege den Ast zum Sägen auf eine stabile Unterlage, z. B. eine Bank oder einen dicken Baumstamm. Eine Person hält den Ast fest während du sägst. Noch besser geht es natürlich auf einem Sägebock oder unterwegs mit einem Spanngurt.

NATUR-INFO

Vor dem Schneiden: Fragen! Denn jeder Baum hat einen Besitzer. Rund zwei Millionen Privatpersonen teilen sich fast die Hälfte des deutschen Waldes.

2 Die einzelnen Rundhölzer stellst du auf eine stabile Unterlage und zeichnest auf die Schnittfläche ein Quadrat mit der Kantenlänge 6 cm auf.

3 Mit der Messerspalttechnik machst du nun aus den Rundhölzern zehn eckige Klötze (siehe Seite 78). Diese Klötze stellen die „Krieger" des Spiels dar.

4 Aus dem Ast, der 4 cm Durchmesser hat und 180 cm lang ist, sägst du jetzt sechs gleichlange Rundhölzer. Das sind die Wurfhölzer. Entrinde sie mithilfe des Schnitzmessers. Dabei das Messer ganz flach ansetzen. Die Kanten der Wurfhölzer abschließend mit dem Messer abrunden.

5 Aus dem Ast, der 2 cm Durchmesser hat und 120 cm lang ist, sägst du vier gleichlange Stücke. Das werden die Spielfeldbegrenzungen. Sie müssen nicht entrindet werden. Aber sie brauchen an einem Ende eine Spitze, damit du sie besser in den Boden stecken kannst. Verziere die Rinde mit Mustern. Schön sind Ringe oder Spiralen (siehe Seite 77).

6 Aus dem kurzen dicken Ast soll der Häuptling entstehen. Er bleibt rund. Um die Kopf ein wenig vom Rest abzusetzen, machst du 7 cm von einem Ende entfernt einen 1 cm tiefen Stoppschnitt einmal um den Ast herum. Zeichne ihn an und verwende ausnahmsweise eine Säge und nicht das Schnitzmesser für diesen Stoppschnitt.

7 Jetzt markierst du jeweils 1 cm unter und über dem Stoppschnitt eine weitere Linie um den Ast herum und schnitzt rundherum von den beiden Linien jeweils auf den Stoppschnitt zu. Damit fährst du so lange fort, bis sich ein Kopf abzeichnet. Glätte die entstandene Kerbe und fertig ist der Häuptling.

8 Jetzt hast du schon das Wald-Wikingerschach zusammen. Falls du es bunt gestalten möchtest, dann schau mal auf Seite 80.

KUBB-SPIELREGELN

So geht „Wikingerschach"!

Spielvorbereitung:

Zuerst müsst ihr zwei Teams bilden, die jeweils aus höchstens sechs Kindern bestehen dürfen. Dann bereitet ihr das Spielfeld vor. Dieses ist 8 m x 5 m groß und wird mit den vier angespitzten Eckpflöcken abgesteckt. Kubben könnt ihr am besten auf einer Wiese oder einem Sandplatz. Nun nehmt ihr die zehn kleinen Holzfiguren zur Hand und verteilt diese in gleichmäßigen Abständen auf beiden Grundlinien. Das bedeutet, dass jede Mannschaft fünf Spielfiguren erhält. Den König stellt ihr auf die Mitte der Mittellinie. Das beginnende Team hat einen großen Vorteil, deshalb wird es ausgelost.

Spielbeginn:

Die erste Gruppe stellt sich auf ihre Grundlinie. Nun versucht sie mit den sechs Wurfhölzern die Spielfiguren der gegnerischen Mannschaft umzuwerfen. Beim Werfen müsst ihr darauf achten, dass ihr das Wurfholz am unteren Ende haltet. Verboten sind Würfe, bei denen das Wurfholz quer gehalten, von oben oder rotierend geworfen wird. Achtung! Solange die Holzfiguren des Gegners noch stehen, dürft ihr den König auf keinen Fall umwerfen, denn sonst verliert eure Mannschaft das Spiel.

Hat die erste Gruppe alle sechs Wurfhölzer geworfen, werden diese vom zweiten Team in die gegnerische Spielhälfte geworfen und dort senkrecht aufgestellt. Wird eine Figur nach drei Versuchen nicht in das gegnerische Feld geworfen, sondern landet außerhalb, darf das erste Team diese Figur in ihrer eigenen Spielhälfte aufstellen. Dabei darf sie entscheiden, wo sie diese platzieren möchte, muss dabei aber minimal eine Wurfholzlänge vom König oder von der Spielfeldbegrenzung einhalten. Nun ist die zweite Mannschaft dran. Diese muss nun zuerst die umgeworfenen Holzfiguren treffen und darf dann mit den Figuren auf der Grundlinie weitermachen. Gelingt es nicht, die umgeworfenen Holzfiguren zu treffen, darf die gegnerische Mannschaft bis zu der Figur vortreten, die am nächsten am König steht und von dort werfen. Nun geht das Spiel wechselseitig weiter.

Sieger:

Hat ein Team alle gegnerischen Kubbs umgeworfen, wird der König von der Grundlinie aus unter Beschuss genommen. Hierbei gibt es die Sonderregel, dass die Würfe auf den König durch die Beine erfolgen müssen. Die Spieler stehen dabei mit dem Rücken zum König an der Grundlinie. Kann die Mannschaft auch den König zu Fall bringen, hat sie gewonnen.

Die »Krieger« können ganz unterschiedlich gestaltet werden. Lass deiner Fantasie freien Lauf!

ECHT KNACKIG!

Nussknacker ● ● ● ○

MATERIAL

- Astgabel, ø 2–3 cm, 30 cm lang,
- gerades Stück Haselholz, ø 2–3 cm, 30 cm lang,
- Haselholz, ø 0,5–1 cm, 10 cm lang,
- Astschere
- Säge
- Schnitzmesser
- ggf. Löffelmesser
- Kastanienbohrer
- Spanngurt oder Schraubzwinge
- Schmirgelpapier

1 Suche dir in der Natur das passende Material.

2 Von der Astgabel schneidest du einen „Arm" an der Basis der Gabelung ab.

EXPERTENTIPP

Vor dem Zusammensetzen kannst du die Hebelarme glätten oder verzieren. Wenn die Arme jedoch zu fein werden, besteht die Gefahr, dass sich beim Knacken die Nuss durchsetzt und dein Nussknacker einen „Armbruch" erleidet.

6 Jetzt musst du ein Loch durch den Hebelarm und den flachen Kopf der Astgabel bohren. Der Durchmesser sollte maximal 1 cm sein.

3 Den verbleibenden Arm der Astgabel schnitzt du jetzt auf zwei Seiten bis auf eine Breite von ca. 1 cm glatt.

7 Nimm die beiden Arme wieder auseinander und schnitze in den unteren 2–3 cm vom verbliebenen Gabelarm entfernt eine kleine Kuhle für die Nüsse. Dafür verwendest du entweder die Spitze deines Schnitzmessers und glättest die Vertiefung nach dem Trocknen des Holzes noch mit Schmirgelpapier oder du verwendest ein Löffelmesser. Du kannst auch zwei unterschiedlich große Kuhlen für Wal- und Haselnüsse schnitzen.

4 In den geraden Haselzweig sägst du mittig eine 1 cm breite Kerbe, ca. 5 – 7 cm weit in das Holz. Tipp: Wenn du am Ende der Kerbe vor dem Sägen mittig ein 8 mm Loch bohrst, kannst du den Keil besser herauslösen. Beim Sägen musst du das Stück gut fixieren, am besten in einem Schraubstock. Arbeitest du im Wald, dann ist ein Spanngurt prima. Die Kerbe muss so breit sein, dass der geschnitzte Arm der Astgabel gut hineinpasst.

8 Aus dem dritten Haselast schnitzt du jetzt den passenden Dübel für das Loch und verbindest damit die beiden Arme. Sie sollen sich gut bewegen lassen, aber nicht zu locker verbunden sein.

Beim Trocknen kann es passieren, dass der Dübel schrumpft und die Verbindung instabil wird. Dann schnitzt du dir einfach einen neuen passenden Dübel.

5 Schiebe den Hebelarm soweit auf dem geschnitzten Teil der Astgabel, dass die beiden Arme möglichst parallel liegen. Der Abstand sollte nicht größer sein, als der Durchmesser der zu knackenden Nüsse. Bei Bedarf schnitzt du die Kerbe im Hebelarm noch etwas breiter oder den Arm etwas schmaler.

9 Lege eine Walnuss in die größere Kuhle, am besten mit der Naht vertikal zum Nussknacker und knacke sie!

MEIN MEISTERMESSER

Haselnusszweig-Klinge ●●○

MATERIAL

- Haselnusszweig, ø 2–5 cm, 20 cm lang
- Bleistift (alternativ Kohlestift von Seite 12)
- Schnitzmesser

EXPERTENTIPP

Du kannst dein Messer als Streichmesser für Marmelade & Co. verwenden. Wenn du mit dem Messer auch Tomaten, Gurken oder Würstchen schneiden möchtest, musst du die Klinge noch als Sägeklinge ausarbeiten. Dazu eignet sich am besten ein heißer Draht, mit dem du im Abstand von 2 mm kleine Kerben in die dünne Seite deiner Messerklinge brennst (siehe Seite 81).

1 Bist du Rechtshänder, hältst du den Ast in der linken Hand.

2 Markiere deinen Griff mit einer umlaufenden Kerblinie oberhalb deiner Hand.

3 Von dieser Markierung aus schnitzt du jetzt mit dem ziehenden Schnitt an zwei gegenüberliegenden Seiten das vordere Ende deines Asts flach.

4 Am Übergang zwischen Griff und Schneide setzt du den Daumenschieber mit einer Drehung ein. Dabei setzt du dein Schnitzmesser wie beim Stoppschnitt an der Markierung zwischen Griff und Klinge an.

5 Dann drehst du das Handgelenk der Messerhand während des Schnitts von dir weg, während der Daumen der Werkstückhand von oben auf die Klinge des Schnitzmessers drückt. So wird deine Klinge von der Spitze bis zum Griff gleichmäßig dünn.

6 Schnitze jetzt mit dem Daumenschieber die Klinge deines Messers vorsichtig immer dünner. Nimm dabei jedes Mal nur dünne Späne ab, damit du nicht an einer Stelle zu viel Material wegnimmst. Wenn deine Klinge ungefähr 0,5 cm stark ist, kommt der nächste Schritt.

Das Meistermesser geht auf der nächsten Seite weiter ...

7 Zeichne mit einem Bleistift (oder dem selbst gemachten Kohlestift von Seite 12) die Rundung deiner Messerspitze ein.

8 Schnitze nun von der Kante der Klinge rückwärts bis zu dieser Linie hin. Nutze dabei den Daumenschieber.

9 Wenn du die Spitze fertig hast, kannst du die Klinge verjüngen und somit schärfer machen. Dabei ist es besser, wenn du das Mark, also die dunkle Linie in der Mitte des Holzstücks, nicht freilegst.

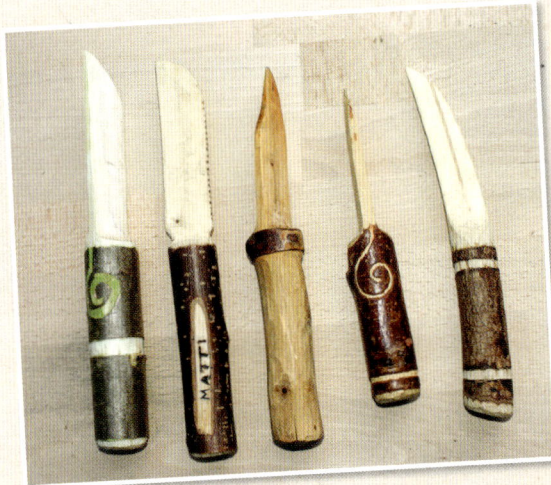

Du kannst deinen Messergriff mit einem Muster ausgestalten. Zeichne dir Ringe, Spiralen oder Zick-Zack als Doppellinie auf deinen Griff auf. Fahre mit der Spitze des Messers deine Musterlinien nach und hebe vorsichtig nach und nach die Rinde zwischen den Linien ab.

LECKERES AUS DER GLUT

Gefüllte Champignons

MATERIAL
- große weiße oder braune Champignons (pro Person 2)
- Kräuterfrischkäse
- Salz, Pfeffer

1 Entferne die Stiele der Pilze mit einem Messer. Bei richtig großen Pilzen kannst du die Haut am Hutrand auch noch abziehen.

2 Mit einem Messer oder Teelöffel füllst du nun die Hüte bis zum Rand mit Frischkäse.

3 Nach Bedarf mit Salz und Pfeffer würzen.

4 Die gefüllten Pilzhüte legst du mit der Öffnung nach oben direkt auf die reife Glut eines ausgebrannten Feuers.

5 Wenn der Frischkäse zu köcheln beginnt, holst du die Pilze mit einer Zange aus der Glut und legst sie auf einen Stein oder eine andere feuerfeste Unterlage.

> Vorsicht: In den Pilzhüten sammelt sich beim Garen Flüssigkeit, die sehr heiß wird! Lass die Pilze daher lieber ein wenig abkühlen, bevor du hineinbeißt.

6 Vor dem Verzehr musst du unbedingt prüfen, ob unten am Pilzhut noch Glut- oder Aschereste hängen und diese entfernen! Die gefüllten Pilze eignen sich hervorragend als Vorspeise zu anderen Lagerfeuergerichten und sind fix zubereitet.

ALLES DREHT SICH!

MATERIAL

Schneller Kreisel
● ○ ○

- Haselnussast, gerade, ø ca. 3–5 cm, 30 cm lang
- Haselnussast, gerade, ø ca. 0,5 cm, 10 cm lang
- Bohrer, 5 mm
- Schnitzmesser
- Säge
- Bleistiftspitzer

1 Säge von dem dickeren Ast eine ca. 1 cm breite Scheibe ab. Achte darauf, die Scheibe möglichst glatt und gerade abzusägen, dann dreht sich der Kreisel hinterher besser. Bohre in die Mitte der Scheibe ein Loch für den Kreiselgriff.

2 Den dünnen Ast steckst du durch das Loch in der Mitte der Scheibe. Er sollte schwer hindurchzudrücken sein, damit er fest sitzt. Es ist wichtig, dass er genau senkrecht in der Scheibe steckt. Unter der Scheibe sollte der Ast 1,5–2 cm herausragen.

EXPERTENTIPP

Durch das häufige Drehen wird sich die Spitze deines Kreisels mit der Zeit abnutzen. Um das zu verhindern kannst du einen Rundkopfnagel genau in die Spitze schlagen.

3 Mit dem Bleistiftspitzer (oder mit dem Schnitzmesser) versiehst du nun das Ende unter der Scheibe mit einer sauberen Spitze. Oberhalb der Scheibe kannst du den Ast auf 3–4 cm kürzen. Versuche nun den Kreisel anzudrehen. Wenn du sorgfältig gearbeitet hast, sollte er sich gut drehen.

SICHER DRIN

Praktischer Waldclip ● ● ○

MATERIAL

- Haselnussast, gerade, ø ca. 1 cm, 10–15 cm lang
- Holunderast mit Markkanal, mind. ø ca. 0,8 cm, 10 cm lang
- Schnitzmesser
- Säge

1 Dein Haselnussast sollte etwas länger sein, als die Breite des Beutels, den du verschließen willst.

2 Spalte den Haselast vorsichtig in der Mitte durch. Dabei sollten möglichst glatte Spaltflächen entstehen. Wenn der Ast verdreht gewachsen ist, eignet er sich nicht.

3 Die Enden des gespaltenen Astes flachst du nun ein wenig ab. Die Innenflächen kannst du mit dem Messer glätten, falls dort Fasern abstehen.

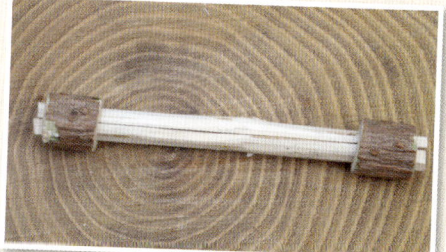

5 Teste, ob die beiden Holunderstücke sich über die zusammengelegten Haselastteile schieben lassen und diese zusammenhalten. Bei Bedarf kannst du die Haselastenden noch ein wenig verjüngen, bis sie zusammen in die Holunderstücke passen.

4 Vom Holunderast sägst du zwei Stücke mit einer Länge von 1,5–2 cm ab. Danach stößt du das Mark mit einem dünneren Ast heraus und säuberst den Markkanal.

6 Jetzt kannst du dir ein paar Gummibärchen gönnen. Damit sie auf der weiteren Tour durch dein Revier nicht im Rucksack herumfliegen oder sandig werden, kannst du mit dem selbstgemachten Clip den Beutel einfach sicher wieder verschließen. Ganz ohne Plastik!

DER WALDFLITZER
Haselnuss-Rennauto •••

MATERIAL

- Haselnusszweig, ø 4–5 cm, 15 cm lang
- Haselnusszweig, ø 3 cm, ca. 10 cm lang, mit möglichst rundem Querschnitt
- Haselnusszweig, ø 5 mm, 10 cm lang
- Bambus- oder Holunderzweig, innen ø 6 mm
- Bleistift (oder Kohlestift von Seite 12)
- Schaschlikspieß
- Bohrer, ø 2 mm und ø 5 mm
- Schnitzmesser
- Schere
- Astsäge
- Japansäge
- alter Fahrradschlauch
- Gummibänder
- Heftzwecke
- Schmirgelpapier

Hinten im Buch findest du praktisches Motiv-Schmirgelpapier!

1 Spalte den Ast in der Mitte mit der Messerspalttechnik von Seite 78. Wähle eine Hälfte aus und schnitze die Spaltfläche möglichst glatt.

4 Am hinteren Ende musst du nun die Kerbe für das Fahrwerk anzeichnen und mit der feinen Säge aussägen. Dazu sägst du die beiden äußeren Schnitte entlang der Markierung ein. Um das Holzstück herauszusägen musst du jetzt mit der Säge zwei Dreiecke aussägen. Am Grund der Kerbe entsteht ein drittes Dreieck, das du jetzt mit der Spitze deines Schnitzmessers herausschnitzen kannst.

2 Zeichne auf die glatte Unterseite die Umrisse deines Waldflitzers ein und schnitze die Form aus. Wechsle dabei die Technik vom ziehenden Schnitt an den langen Seiten zum Daumenschieber mit Drehung am Heck und an der Spitze.

5 Bohre die Löcher für die Achsen. Dabei musst du darauf achten, dass sie gerade durch dein Fahrgestell verlaufen, damit die Achse später möglichst parallel zum Boden verläuft und dein Flitzer nicht eiert.

3 Überlege dir, wie die Spitze und die Fahrerkabine deines Autos aussehen sollen und zeichne diese seitlich auf. Schnitze auch diese Form aus. Dabei wendest du am besten auch den Daumenschieber mit Drehung an. Beim Schnitzen der Fahrerkabine musst du die Mulde von zwei Seiten zur Mitte hin herausarbeiten, um die Holzfasern besser zu durchtrennen. Das bedeutet, dass du das Auto immer wieder drehen musst und mal von vorne und mal von hinten auf die Mitte der Mulde zuschnitzt.

Das Rennauto geht auf der nächsten Seite weiter ...

6 Aus dem runden Haselast sägst du dir jetzt vier Räder, die jeweils etwa 1,5 cm breit sind. In zwei Räder bohrst du ein Loch mit Durchmesser 2 mm für die Vorderachse, also den Schaschlikspieß. In die anderen beiden Räder bohrst du ein Loch mit Durchmesser 5 mm für die Hinterachse aus dem Haselzweig. Aus dem alten Fahrradschlauch schneidest du dir mit der Schere vier Ringe, die so breit sind wie die Räder. Dann ziehst du die Ringe auf die Holzräder auf.

7 Für die Vorderachse steckst du nun ein Rad mit der Zwei-Millimeter-Bohrung auf ein Ende vom Schaschlikspieß. Es sollte fest auf dem Spieß stecken. Falls notwendig, kannst du den Durchmesser vom Spieß noch mit Klebeband vergrößern, damit die Achse wirklich fest im Rad steckt. Dann steckst du als Abstandhalter ein 5 mm breites Stück Holunderast auf die Achse und steckst dann das freie Ende durch die Bohrung an der „Nase" deines Waldflitzers. Anschließend kommt auf die andere Seite zuerst der Abstandhalter und dann das zweite Rad auf die Achse. Das überstehende Ende der Achse kannst du mit der Schere abknipsen.

8 Die Hinterachse wird ein wenig aufwändiger: Als Anfang steckst du ein Rad auf ein Ende des Haselzweiges (ø 5 mm), daran schließt ein Abstandhalter an. Dann steckst du die Achse durch die Bohrung am Heck des Flitzers und auf der anderen Seite folgen wieder ein Abstandhalter und das zweite Rad. Wenn die Räder nicht fest auf der Achse sitzen, wickle etwas Klebeband um die Achse.

NATUR-INFO

Spitzwegerich hilft bei kleinen Schnittverletzungen oder Schürfwunden – zerdrücken und um die Wunde legen. Bitte decke offene Wunden nicht länger als 1–2 Stunden mit dem Spitzwegerich-Brei ab! Wenn der Schnitt tiefer geht, verwendest du ein Pflaster. Spitzwegerichsaft lindert übrigens auch den Juckreiz von Insektenstichen oder Brennnesseln.

9 Jetzt wird es knifflig: mit dem dünnen Bohrer bohrst du zwischen den beiden Enden am Heck zwei Löcher in die Hinterachse. Dabei musst du sehr vorsichtig vorgehen, damit die Achse nicht bricht. In die beiden Löcher steckst du jeweils ein 2 cm langes Stück von einem Schaschlikspieß. Um diese beiden Stücke legst du mit dem Gummiband eine Schlaufe und führst das Ende des Gummibandes an der Unterseite des Flitzers bis nach vorne in die Spitze und befestigst das Gummiband dort mit der Heftzwecke. Fertig ist der Antrieb deines Flitzers.

10 Jetzt kannst du natürlich noch ein Lenkrad und eine Heckflosse einbauen und nach Belieben deinen Flitzer farbig ausgestalten. Um das Auto fahren zu lassen, musst du es nur auf den Boden setzten und dann ca. 10 cm zurückziehen – und dann loslassen!

WANDERLUST

Wanderstock mit Spirale ● ● ○ ○

MATERIAL

- Stenz (verdrehter Haselast), ø 3 cm, 1,60 m lang
- Astschere
- Säge
- Schnitzmesser

1 Suche einen verdrehten Ast und säge ihn zurecht. Dann entfernst du die Reste der Schling-pflanze aus den Spiral-windungen.

EXPERTENTIPP

Mit einer Holzbrennstation kannst du deine bisherigen Reiseziele einbrennen oder deinen Namen. Schau dazu auf Seite 81.

NATUR-INFO

So ein gedrehter Ast entsteht, wenn ein junger Baum beim Wachsen von Schlingpflanzen wie Waldrebe, Geißblatt oder Knöterich umschlungen wird. Suche in einem feuchten Waldstück.

2 Damit der Ast dir bequem als Wanderstock dienen kann, passt du ihn auf deine Körpergröße an: Wenn du normal stehst, sollte dein Ellenbogen einen Winkel von 90 Grad bilden, wenn du deinen Stab greifst. Dabei kann der Stock über die Griffstelle hinausragen.

4 Wenn du die Spirale auch schälen möchtest, arbeitest du ganz vorsichtig mit der Messerspitze. Dabei kannst du zur Sicherheit die Klinge deines Schnitzmessers bis auf die benötigte Spitze mit Tape umwickeln.

5 Damit das untere Ende deines Wanderstockes länger hält, solltest du die Kanten brechen, also abrunden. Dadurch wird die Gefahr verringert, dass der Stock von unten her ausfranst.

3 Für die weitere Ausarbeitung überlegst du dir, welche Muster und Verzierungen du auf deinem Wanderstock haben möchtest. Überlege dir, ob du die Borke komplett abschälen möchtest oder sie für Muster erhalten bleiben soll. Zum Abschälen der Borke benutzt du am besten einen flachen ziehenden Schnitt, bei dem die Messerklinge nur in den Raum zwischen Holz und Borke dringen sollte.

KLEINER KOBOLD
Waldschrat ● ● ●

MATERIAL

- Haselast, ø 4–5 cm, 15 cm lang
- Schnitzmesser
- Bleistift

Die Haselnuss steckt voller Mystik. Vor Hexen, bösen Geistern, selbst Blitzschlägen soll sie schützen. Ob's stimmt? Sicher ist: Ohne die Haselnuss sähe der Speiseplan vieler Waldbewohner traurig aus. Bereits im Februar versorgt sie hungrige Bienen mit ihren Pollen. Im Herbst stürzen sich Mäuse, Eichhörnchen und Vögel auf die vitamin- und kalorienreichen Nüsse.

1 Spalte den Haselast in der Mitte mit der Messerspalt-technik (siehe Seite 78). Auf den Halbkreis zeichnest du ein Dreieck auf.

2 Spalte nun auch entlang der Seitenteile des Drei-ecks, sodass du ein Holzstück mit einem dreieckigen Querschnitt erhältst.

3 Zeichne auf die lange Kante des Holzstü-ckes die Linien für deinen Waldschrat ein. Am oberen Ende kannst du dir überlegen, ob du eine Mütze oder einen Hut schnitzen möchtest. Soll der Schrat eine lange gerade Nase bekommen oder eine kurze runde? Bekommt er einen Schnauzbart oder einen Vollbart?

4 Entlang der eingezeichneten Linien setzt du jetzt nach und nach Stoppschnitte. Dazu legst du das Werk-stück auf eine ebene, stabile Unterlage und ziehst die Messerspitze vorsichtig entlang der Linie auf die Un-terlage zu. Halte deine Finger aus der Schnitzrichtung heraus! Fange am besten oben bei der Kopfbedeckung an und arbeite dich dann langsam nach unten weiter durch.

☞ Der kleine Kobold geht auf der nächsten Seite weiter ...

5 Überlege dir gut, auf welcher Seite eines Stoppschnittes Material weggeschnitzt werden soll und auf welcher Seite das Material stehen bleiben muss, damit es ein plastisches Gesicht wird. Auf der Seite des Stoppschnittes, auf der Material weggeschnitzt werden soll, ziehst du nun mit der Messerspitze kleine Kerben auf den Stoppschnitt zu. Nutze dazu den Daumenschieber, aber sehr vorsichtig!

7 Nach der Nase machst du mit den Haaren und dem Bart weiter. Für die „haarigen" Stellen deines Waldschrates kannst du die Oberflächen weniger glätten und die Schnitzkerben stehen lassen. Dann sieht es gleich etwas mehr nach Haaren aus.

6 Nachdem du die Hutkrempe fertig hast, machst du bei der Nase weiter. Arbeite vorsichtig mit dem Daumenschieber und mit kleinen Schnitzbewegungen. Lieber viele kleine Schnitte als einen großen, der dir dann wegrutscht und dem Schrat die Nase kostet.

8 Zum Schluss arbeitest du noch die Kopfbedeckung fertig aus. Am einfachsten ist ein gerader Hut, ein wenig kniffliger sind die Zipfelmützen.

EIN LÖFFEL VOLL GLÜCK

Lagerfeuercreme „Dulce de leche"

ZUTATEN

- gezuckerte Kondensmilch in der Dose
- kleiner Topf mit Deckel
- Wasser
- Zange oder feuerfester Handschuh
- Dosenöffner
- Lagerfeuer
- evtl. Stockbrot

1 Fülle den Topf mit Wasser und stelle die ungeöffnete Dose mit der gezuckerten Kondensmilch ins Wasser, sodass sie komplett bedeckt ist.

2 Entzünde ein kleines Lagerfeuer und stelle oder hänge den Topf in die Flammen, sodass das Wasser zum Kochen kommt.

3 Achte darauf, dass immer genug Wasser im Topf ist und lass das Wasserbad zwei Stunden lang kochen.

4 Hole den Topf vom Feuer, nimm die Dose mit einer Zange oder einem feuerfesten Handschuh heraus und lass sie abkühlen.

5 Öffne die Dose vorsichtig mit einem Dosenöffner. Die süße Kondensmilch ist karamellisiert und hat eine hellbraune Farbe angenommen. Jetzt kann jeder seinen Löffel voll Glück naschen. Die Karamellcreme schmeckt prima zu Stockbrot oder du benutzt sie für eine Variante der Lagerfeuereclairs von Seite 16 als süßes Topping.

GESCHICKT?

Holunderzweigspiel ● ○ ○

MATERIAL

- Holunderast, ø 1,5 cm, 10 cm lang
- Holunderast, ø 0,5–0,8 cm, 10 cm lang
- Holundermark
- Säge
- Schnitzmesser
- Kastanienbohrer
- Rundfeile
- Nagel

1 Säge die beiden Äste auf 10 cm zu. Ein Ende des dünneren Astes kannst du schon ein wenig anspitzen.

2 Mit dem Kastanienbohrer entfernst du nun das Mark aus den beiden Holunderästen.

3 In den dickeren Ast bohrst du ca. 2 cm von einem Ende entfernt ein Loch. Um deine Hände dabei zu schützen, legst du den Ast entweder auf eine stabile Unterlage oder nimmst dir, wie auf dem Bild zu sehen, einen Ast in die Hand.

4 Das gebohrte Loch vergrößerst du vorsichtig mit der Messerspitze, so dass der dünnere Ast hineinpasst, ohne herauszufallen. Stecke den dünneren Ast nun in das Loch im dickeren Ast und probiere, ob du schon durchblasen kannst.

5 Das untere Loch im dickeren Ast musst du mit einem Stück Haselast verschließen, damit der Luftstrom nach oben geht.

6 Aus dem Mark eines größeren Holunderastes formst du vorsichtig mit den Händen eine Kugel.

7 Lege die Markkugel auf die Öffnung des dickeren Astes und blase vorsichtig in das dünnere Ast-Stück, um die Kugel über der Öffnung tanzen zu lassen. Schaffst du es, dass sie im Luftstrom über der Öffnung bleibt?

DER WALDDRACHE

Haselnuss-Sagentier •••

MATERIAL

- Haselnusszweig, ø 3–5 cm, 20 cm lang
- Bleistift (oder Kohlestift von Seite 12)
- kleine Säge mit feinen Zähnen
- Schnitzmesser

1 Spalte den Ast in der Mitte mit der Messerspalttechnik (siehe Seite 78).

2 Wähle eine Hälfte aus und schnitze die Spaltfläche möglichst glatt.

5 Schnitze jetzt mit dem Daumenschieber vorsichtig auf die Stoppschnitte zu. Hier braucht es weniger Kraft, dafür mehr Gefühl.

3 Zeichne auf die glatte Fläche die Umrisse eines Drachen, einer Eidechse oder eines Krokodils auf.

6 Schnitze entlang der eingezeichneten Umrisse dein Fabelwesen fertig.

7 Zum Schluss zeichnest du das geöffnete Maul ein und sägst es vorsichtig mit einer kleinen Säge v-förmig aus. Dabei sollte das Holztier fixiert sein. Am besten geht das zu Hause in einem Schraubstock oder unterwegs mit einem Spanngurt an einem Baum.

4 An den vier Beinen setzt du Stoppschnitte.

8 Wenn du möchtest, kannst du jetzt noch Augen, Zähne oder Schuppen einritzen oder einbrennen. Wie du dein Kroko färben kannst, erfährst du auf Seite 80.

DIE SUPPE AUSLÖFFELN

Holzlöffel schnitzen •••

MATERIAL

- Haselsast, ø 5 cm, 25 cm lang
- Löffelmesser
- Schnitzmesser
- Klüpfel
- ggf. Spaltmesser
- Bleistift

EXPERTENTIPP

Wenn du kein Löffelmesser hast, kannst du auch mit einem Hohleisen arbeiten. Dafür muss dein Löffel aber fest eingespannt werden und du musst immer beide Hände am Werkzeug (nicht am Löffel!) haben. Oder aber du machst es wie beim Becher auf Seite 30 und brennst die Vertiefung mit Glut heraus.

1 Säge dir den Haselast zu und halbiere ihn mithilfe der Messerspalttechnik (siehe Seite 78).

2 Suche dir das schönere Stück aus und schnitze die Innenfläche möglichst glatt. Zeichne mit dem Bleistift auf diese Innenfläche den Umriss deines Löffels auf. Lass oberhalb der Löffelkerbe mindestens 5 cm Platz.

3 Schnitze entlang der Markierung die Form des Löffels aus. Dabei ist es wichtig, dass du die untere Kerbe am Übergang zwischen Stiel und Laffe (konkave Löffelschale) von oben nach unten schnitzt, also den Löffel an der Laffe fest hältst und dann mit dem Daumenschieber mit Drehung von der Laffe hin zum Stiel schnitzt. Dafür ist auch der Überstand gedacht, um den Löffel hierbei in beide Richtungen drehen zu können.

4 Mit dem Löffelmesser kannst du jetzt die Laffe ausschnitzen. Dabei bitte immer nur drehende Bewegungen machen. Achte darauf, keine ziehenden Schnitte zu machen, dabei besteht erhöhte Verletzungsgefahr! Meistens macht man den Löffel viel zu tief und dann ist es unbequem, damit zu essen, teste also immer wieder zwischendurch, ob der Löffel schon tief genug ist.

5 Wenn der Griff und die Laffe fertig geschnitzt sind, kannst du den Überstand oben am Löffel absägen und den Löffel abrunden.

6 Na, ... wie sieht dein Löffel aus?

VEGGIE DAY

Ratatouille aus der Flasche

ZUTATEN
für 4 Personen

- Aubergine
- Zucchini
- Paprika
- 0,7 l Tomatenpassata
- kleine Dose gehackte Tomaten
- eine Handvoll Oliven ohne Stein
- Rosmarin, Thymian. 2 Lorbeerblätter
- Salz & Pfeffer
- 2 leere Passata-Flaschen
- Marmeladentrichter
- Dosenöffner
- feuerfeste Handschuhe

1 Schneide das Gemüse in Würfel mit ca. 1 cm Kantenlänge. Die Oliven kannst du einfach halbieren.

2 Verteile das geschnittene Gemüse gleichmäßig in den Flaschen. Gib in jede Flasche etwas Rosmarin, Thymian und ein Lorbeerblatt.

3 Fülle auf das Gemüse jeweils ¼ Liter Tomatenpassata und drei Esslöffeln gehackte Tomaten. Beim Einfüllen hilft dir ein Marmeladentrichter. Die Flaschen sollten höchsten zu Dreivierteln gefüllt werden.

4 In die Deckel der Flaschen musst du mit dem Dosenöffner ein Loch stechen, damit die Flasche nicht platzt, wenn das Gemüse kocht. Bitte nutze nicht dein Schnitzmesser dafür, es wäre zu schade um die scharfe Klinge!

5 Entzünde ein kleines Feuer und stelle die Flaschen an den Rand des Feuers, sodass sie nicht von den Flammen erreicht werden. Die Strahlungswärme des Feuers sollte ausreichen, um das Gemüse in den Flaschen zum Kochen zu bringen. Je nach Wind und Temperaturen braucht das Ratatouille etwa 45 Minuten, um zu garen. Zwischendurch kannst du die Flaschen ein paarmal drehen. Ziehe dazu unbedingt die feuerfesten Handschuhe an!

6 Wenn das Ratatouille fertig ist, kannst du es vorsichtig mit den Handschuhen aus der Feuerstelle nehmen und direkt in die Schalen deiner Gäste füllen.

> Als Beilage eignet sich Couscous oder salziges Stockbrot hervorragend.

LUSTIGE LAGERFEUERSPIELE

Keine Angst im Dunkeln

Helden erraten

Ihr braucht für dieses Rätsel- und Ratespiel nur Zettel, Stifte und Klebeband. Jeder Mitspieler schreibt im Geheimen auf seinen Zettel den Namen eines bekannten Helden und klebt diesen auf die Stirn seines linken Nebensitzers. Ein Kind fängt an und stellt der Gruppe verschiedene Fragen, die diese aber nur mit „Ja" oder „Nein" beantworten darf. Mögliche Fragen sind: „Bin ich ein Mensch?", „Bin ich eine Frau?" oder „Habe ich Superkräfte?". Ziel des Spiels ist es, so schnell wie möglich den eigenen Helden zu erraten. Beantworten die Mitspieler eine Frage mit „Nein" ist die Fragerunde zunächst beendet und das Kind rechts vom Fragekind ist an der Reihe, Fragen zu stellen.

Nachtwaldtiere

Ihr teilt euch in zwei Gruppen auf. Die eine ist die Gruppe der Tiere und die andere die der Zoologen. Die Tiere suchen sich jeweils ein Versteck im Nachtwald. Dazu könnt ihr eine bestimmte Zeit vereinbaren (10 Minuten). Wenn diese Zeit um ist, geben die Zoologen ein vorher vereinbartes Signal (Pfeifen oder Rufen), mit dem sie den „Tieren" zeigen, dass sie jetzt losforschen. Sobald das Signal ertönt, muss jedes Tier regelmäßig seine Tierstimme hören lassen. Das gibt ein schönes Tierstimmenkonzert! Die Zoologen müssen die versteckten Tiere anhand ihrer Stimmen finden. Wenn sie ein Tier gefunden haben, müssen sie versuchen zu bestimmen, welches es ist.

Wenn alle Tiere gefunden sind, wechselt ihr die Rollen.

Rückenmaler

Ihr setzt euch gemeinsam in einen Kreis. Ein Kind beginnt und malt seinem linken Nebensitzer mit der Fingerspitze ein Motiv auf den Rücken. Möglich sind zum Beispiel: ein Herz, ein Blitz, ein Haus, ... der Nebensitzer darf nun erraten, welches Bild ihm auf den Rücken gemalt wurde. Hat er richtig geraten, darf er bei seinem linken Nachbarn weitermachen. Wollt ihr es noch ein bisschen schwieriger? Dann schreibt euch einzelne Buchstaben auf den Rücken oder sogar ganze Worte.

Flüsterpost

Ihr setzt euch gemeinsam in einen Kreis. Ein Kind beginnt und überlegt sich ein Wort und flüstert dieses seinem rechten Nebensitzer ganz leise ins Ohr. Dieser gibt es seinem Nachbarn weiter und dieser dem nächsten. So geht es weiter bis zum letzten Kind. Dieses spricht das Wort laut aus. Seid ihr schon fortgeschritten, könnt ihr längere Wörter oder sogar kurze Sätze weitergeben.

ZWILLE, SCHLEUDER, FLETSCHE ...

... so viele Namen hat der Spaß! ● ● ● ○

MATERIAL

- Astgabel, ø 2–3 cm, 15–20 cm lang
- kleine Säge mit feinen Zähnen
- Schnitzmesser
- Bohrer, 3–5 mm
- 2 breite Haushalts-Gummiringe
- ein Stück Leder, 5–7 cm lang, 2 cm breit
- Streichhölzer

1 Suche dir eine Astgabel, die so breit ist, dass sie zwischen deinen Daumen und deinen Zeigefinger passt und du sie an der Gabelung umfassen kannst wie auf dem Bild.

2 Kürze die drei Teile der Zwille: Der Griff sollte so lang sein, wie deine Hand breit ist. Die beiden v-förmigen „Arme" deiner Zwille kürzt du auf 8 cm.

3 Glätte mit dem Messer den Griff und die beiden „Schleuder-Arme". Es sollten keine Unebenheiten übrigbleiben.

5 In den Lederstreifen machst du an den beiden Enden mit deinem Messer ein Loch, ungefähr einen Zentimeter vom Rand entfernt. Dabei legst du das Leder auf ein Stück Holz und stichst mit der Spitze deines Messers durch das Leder ins Holz. Oder du nimmst eine Lochzange. In diese Löcher fädelst du die Gummiringe, wie auf dem Bild zu sehen ist.

4 Bohre in die beiden Arme der Zwille ca. 1 cm unterhalb der Enden jedes Armes ein Loch mit dem doppelten Durchmesser deiner Gummiringe.

6 Die freien Enden der Gummiringe führst du jetzt mit einer Schlinge durch die Bohrungen in den Armen der Zwille und steckst kurz hinter der Bohrung ein Streichholz in die Schlinge, um sie zu fixieren. Fertig ist deine easy Zwille. Jetzt noch verzieren!

ACHTUNG! SCHIESSE NIEMALS AUF MENSCHEN ODER TIERE!

WALDBIATHLON

Und jetzt? Ich empfehle eine Runde Waldbiathlon: Du brauchst dazu ein paar leere Konservendosen oder Pappbecher als Ziel, eine schöne Strecke im Wald, deine Zwille und 20–30 Eicheln oder Nüsse als Munition.

Du suchst dir eine etwa 300 m lange Strecke im Wald aus. Es darf so richtig durchs Gelände gehen, bergauf und bergab. Entlang dieser Strecke wählst du nun Standorte für die Dosen oder Becher aus, die du in einer Entfernung von 5 m von deiner Strecke entfernt aufstellst. Dabei wird für jeden Mitspieler eine Dose pro Standort markiert. Das könnt ihr zum Beispiel mit Farbe machen, oder mit unterschiedlichen Blättern. Lege auf Höhe der Ziele einen auffälligen Ast auf deine Strecke, um die Schusspositionen zu markieren.

Du stellst dich mit deinen Mitspielern an der Startlinie auf. Jeder hat eine Zwille und für jedes Ziel drei Eicheln oder Nüsse dabei. Nach dem Startsignal versucht ihr die Strecke möglichst schnell zu bewältigen und versucht unterwegs dabei möglichst viele der Ziele zu treffen.

Es gibt verschiedene Wertungen, die am Ende Punkte bringen: Wer ist am schnellsten durch? Wer trifft unterwegs die meisten Ziele? Wer hat am Ende die meisten Eicheln übrig?

WICHTIG IST, DASS DU AUCH MIT MEHLSÄCKEN NICHT AUF MENSCHEN ODER TIERE SCHIESST!

Du kannst auch individuelle Munition machen: Du nimmst dir mehrere ausgebreitete Papiertaschentücher und gibst jeweils einen Esslöffel Mehl in die Mitte. Dann bindest du die Enden der Taschentücher mit Bindfaden zusammen, so dass du kleine Mehlbeutel bekommst. Mit diesen Mehlbeuteln kannst du jetzt auf verschiedene Ziele schießen. An den weißen Flecken auf den Zielen kannst du dann deine Treffer sehen.

DOWNLOAD

Eine Zielscheibe steht zum Ausdrucken für dich bereit. Den Downloadcode findest du im Impressum auf Seite 92.

GESCHNITZTER EINBAUM ...

... mit Schaufelradantrieb ● ● ○

MATERIAL

- Haselnusszweig, ø 4–5 cm, 30 cm lang
- Haselnusszweig, ø 1 cm, 5 cm lang
- Bambus- oder Holunderzweig mit 3 mm Innendurchmesser.
- Bleistift (alternativ Kohlestift von Seite 12)
- 1 Schaschlikspieß oder Zahnstocher
- Bohrer, ø 2 mm
- Astsäge
- Japansäge
- 2 Rundgummis, ø 1 mm, 15 cm lang
- 1 Korken
- 2 kleine Schrauben oder Nägel

➠ Das Boot geht auf der nächsten Seite weiter ...

1 Spalte den Ast in der Mitte mit der Messer-spalttechnik von Seite 78. Wähle eine Hälfte aus und schnitze die Spaltfläche möglichst glatt.

2 Zeichne auf die glatte Unterseite die Umrisse deines Dampfers und schnitze mit dem ziehenden Schnitt die Form von Bug und Heck heraus.

3 Am Heck zeichnest du die Lücke für den Antrieb ein und bohrst Löcher am unteren Rand. Dann sägst du die beiden Längsschnitte ein. Durch die Bohrlöcher kannst du das Holzstück zwischen den beiden Sägeschnitten jetzt leicht herausbrechen. Nun musst du nur noch die Kerbe glatt schnitzen.

4 Vielleicht brauchst du einen erwachsenen Assistenten: Bohre 2 cm vom hinteren Ende entfernt ein Loch durch die beiden Enden am Heck. Hierbei ist es wichtig, dass die Löcher in einer geraden Linie verlaufen, damit sich das Schaufelrad gleichmäßig drehen kann.

5 Für das Schaufelrad schneidest du mit dem Messer eine 1 cm breite Scheibe von dem Korken ab. In die Scheibe machst du vier gleichmäßig verteilte Einschnitte, die ca. 5 mm tief sind. In die Mitte der Scheibe bohrst du das Loch für die Antriebswelle.

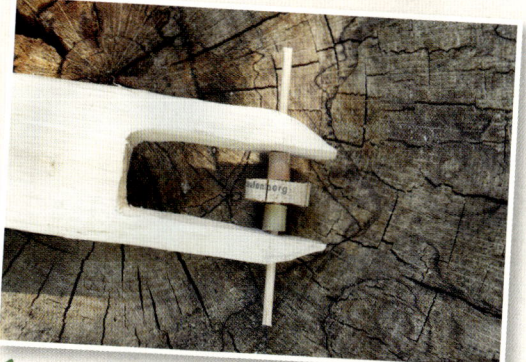

8 Schnitze jetzt mit dem Messer vier gleichmäßig starke, 4 cm lange Späne von einem Ast. Das sind die Schaufelräder, die du in die Schnitte in der Korkscheibe einklemmst. Alternativ kannst du die Schaufelräder auch aus einer PET-Flasche oder einem Joghurtbecher ausschneiden.

6 Nimm den Schaschlikspieß und stecke ihn durch ein Loch im Heck des Einbaums. Zwischen den beiden Heckflügeln fädelst du erst einen 1 cm breiten Abstandshalter aus Holunder oder Bambus auf, dann kommt die Korkenscheibe und, bevor du mit dem Spieß durch das Loch des zweiten Flügels nach außen gehst, wieder ein Abstandshalter. Der Spieß sollte an beiden Seiten des Hecks 3 cm überstehen.

9 Auf die beiden Enden der Antriebswelle steckst du noch zwei 1 cm breite Stücke von dem dünnen Haselast, damit die Gummis nicht von der Welle rutschen und du die Welle besser aufziehen kannst. Wenn du deinen Einbaum auf dem Wasser fahren lassen willst, drehst du einfach die beiden Rundgummis auf die Welle auf, setzt das Boot aufs Wasser und lässt die Welle los. Ab geht die Fahrt!

7 Schraube die beiden kleinen Schrauben 10 cm vom Heck entfernt in die Seiten deines Einbaumes. Dann knotest du an jedem Ende der Antriebswelle ein Rundgummi fest. Führe die beiden Gummis auf die Schrauben zu und knote sie auch an den Schrauben fest.

WALDLÄUFER-SCHMUCK

Baumperle ●●○

MATERIAL

- Baumperle einer Buche
- Schnitzmesser
- Astsäge
- Schleifpapier, 80er oder 150er Körnung
- Schnitzhandschuhe
- Bohrer, ø 2–5 mm
- Lederband, 20 cm (Armband) oder 50 cm (Kette)

GEWUSST

Oft findet man an Buchen runde oder ovale Gebilde auf der Rinde. Diese Beulen haben verschiedene Namen. Manche nennen sie Baumperlen, Baumlinge, Drachen- oder Hexeneier. Die witzigste Bezeichnung habe ich in Luxemburg kennengelernt. Dort heißen sie „Baumfurz".

Baumperlen kannst du als Ketten- anhänger oder Knöpfe tragen. Die größeren Perlen lassen sich auch als Griffe für Schubladen oder als Brief- beschwerer verwenden.

NATUR-INFO

Von lebenden Bäumen solltest du Baumperlen nur absammeln, wenn sie sich leicht mit den Fingern abknipsen lassen. Mit Messer, Säge oder Schlagholz solltest du nur an toten Bäumen arbeiten. Ich habe die Baumperlen von Buchen abgeschnitten, die der Sturm umgeworfen hat.

3 Wenn die Perlen geschält sind, schleifst du sie mit feinem Sandpapier glatt. Danach werden sie kurz abgewaschen und nach dem Trocknen mit Öl eingerieben. Dadurch kommt die Maserung der Perlen sehr schön zur Geltung.

1 Lege deine Baumperlen-Funde bereit und ziehe dir Schnitzhandschuhe an oder schütze deinen Daumen mit Tape.

4 Bohre mit einem Kastanienbohrer ein Loch durch deine Baumperle und ziehe ein Lederband hindurch. Schon hast du ein großartiges Schmuckunikat!

EXPERTENTIPP

Bei älteren Baumperlen, z. B. solchen von umgestürzten Bäumen, ist die Rinde oft härter und schwerer abzuschälen. Dann hilft es, die Perlen über Nacht oder sogar länger in Wasser einzulegen, dann wird das Schälen etwas leichter.

2 Befreie die Baumperle von der Rinde, indem du diese mit dem Messer vorsichtig Stück für Stück abschälst. Führe die Klinge deines Schnitzmessers ganz flach unter der Rinde. Versuche dabei, nicht zu tief ins Holz der Perle zu schnitzen.

NASCHKATZE

Haselzweig-Honiglöffel ● ● ○

MATERIAL

- Haselnusszweig, ø 4 cm, 20 cm lang
- Bleistift
- Schnitzmesser
- Schleifpapier

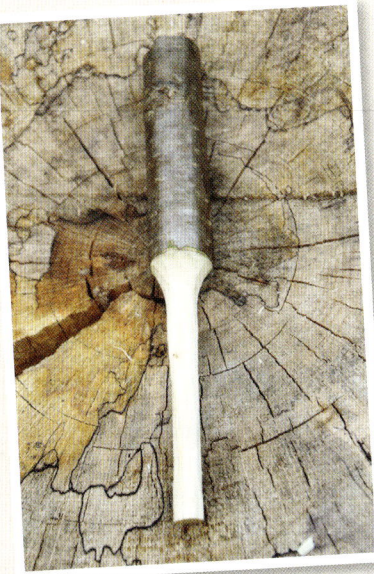

1 Markiere deine Griffbreite. Schnitze mit dem ziehenden Schnitt von der Markierung aus, den Griff heraus. Am Übergang zwischen Griff und Honigspirale nutze den Daumenschieber mit Drehung.

4 Entlang der Spirale schnitzt du nun mit dem Daumenschieber eine Kerbe ein, von beiden Seiten auf den Schnitt zu. Drehe dabei den Löffel immer wieder, um die Kerbe von beiden Seiten optimal ausarbeiten zu können. Die Technik gleicht der beim Kugelschnitzen.

2 Wenn dein Griff die gewünschte Form hat, zeichnest du auf dem unteren Teil die Spirale ein. Lass am Ende 5 cm überstehen, die zum Halten des Löffels während des Schnitzens dienen und später abgesägt werden.

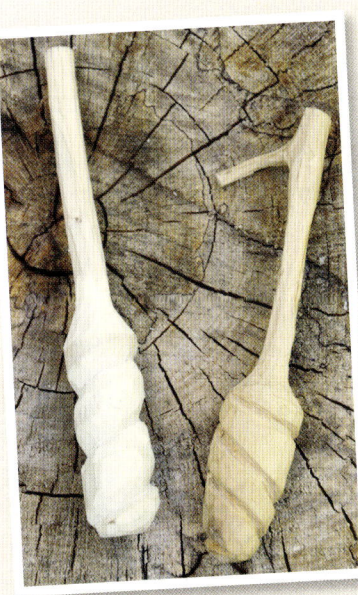

3 Entlang der eingezeichneten Spirale setzt du nun bis zum unteren Ende einen Stoppschnitt: Lege dazu den Löffel auf eine feste Unterlage, setze das Messer auf die Markierung und drehe den Löffel unter dem Messer, sodass die Klinge entlang der Spiralmarkierung ins Holz schneidet.

5 Wenn die Kerbe fertig ist, kannst du den überstehenden Teil absägen. Runde die Ecken und Kanten entlang der Spirale ab. Wenn dein Honiglöffel ein paar Tage getrocknet ist, kannst du ihn noch mit Sandpapier glattschleifen. Fertig ist der Honiglöffel!

GRUNDANLEITUNG

Schutzkleidung

Bei „groben" Schnitzarbeiten, bei denen du du den ziehenden Schnitt anwendest, empfehle ich dir mit den bloßen Händen zu arbeiten, damit hast du das beste Gefühl für dein Werkstück und das Messer. Bei kleineren Schnitzereien (z.B. bei den Baumperlen) kannst du dir zum Werkeln einen Schnitzhandschuh anziehen. Ich bevorzuge die günstigste Schutz-Version, bei der man auch die wenigsten Einschränkungen in der Beweglichkeit und dem Gefühl in der Hand hat: Ich nehme einfach ein Stück Tape oder Gewebeklebeband und wickle es um den Daumen.

Holzart

Für Anfänger eignet sich weiches Holz ohne Astlöcher. Linde oder Hasel sind prima. Achte darauf, dass du in Richtung der Holzfasern schnitzt. Das ist für Kinderhände einfacher. Bei jedem Modell ist eine Holzempfehlung angegeben.

Schnitte

Daumenschieber

Gut für feinere Schnitte: Dabei schiebt der Daumen der Hand, die das Holz hält die Klinge deines Messers vorsichtig durch das Holz. Die Messerhand schiebt nicht, sondern hält das Messer nur fest. Damit hast du mehr Kontrolle und kannst feinere und kleinere Schnitte ausführen, ohne dein Projekt zu gefährden. Oft kannst du den Daumenschieber mit einem Stoppschnitt kombinieren, um kleine Kerben oder Absätze auszuarbeiten.

Daumenschieber mit Drehung

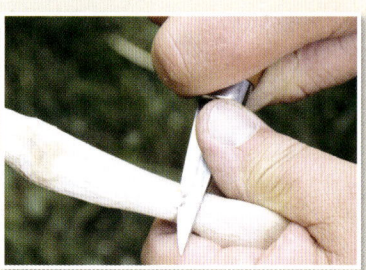

Du drückst mit dem Daumen der Holzhand die Klinge des Messers nach unten und gleichzeitig auch ein wenig vorwärts. Die Messerhand dreht gleichzeitig das Messer um 90 Grad nach vorne, sodass die Klinge nach der Drehung von dir weg zeigt. Der Daumenschieber mit Drehung kann nur von oben nach unten ausgeführt werden, wobei die Klinge die Fasern des Holzes durchschneidet. Von unten nach oben funktioniert das nicht!

Stoppschnitt

1 Wenn du entlang der Holzfasern schnitzt, ist es immer schwierig an einer bestimmten Stelle abzustoppen. Wenn es aber nötig ist, wie z.B. bei der Perle im Zauberstab, musst du

den Stoppschnitt anwenden. Beim Stoppschnitt setzt du das Messer im rechten Winkel zum Verlauf der Holzfasern auf das Holz und drückst die Klinge ins Holz. Dabei werden die Fasern zerschnitten. Der Stoppschnitt kann auch rund um den Ast herum ausgeführt werden.

2 Wenn du nun mit dem Daumenschieber vorsichtig auf diesen Stoppschnitt zu schnitzt, ist es leichter, dort anzuhalten und den Teil auf der anderen Seite des Stoppschnittes stehen zu

lassen. Den Stoppschnitt brauchst du bei für Kerben, Kugeln und Absätze (z.B. bei der Gabel). Bei größeren Projekten kannst du den Stoppschnitt auch mit einer feinen Säge machen.

Die Biberkerbe

Wenn du keine Säge dabeihast, kannst du einen Ast auch mithilfe der Biber-technik abschnei-den oder kürzen: Du schnitzt rund um den Ast herum eine Kerbe mit der Daumenschieber-Technik und vertiefst diese immer weiter. Bald ist die in der Mitte der Kerbe nur noch ein dünnes Stück Holz übrig und du kannst den Ast leicht abbrechen, ohne dass er ausreißt.

Rindenmuster

1 Wenn du deine Projekte individuell verzieren willst, kannst du schöne Muster in die Rinde schnitzen. Dabei darfst du nicht ins Holz schnitzen, sondern die Klinge nur flach unter der Rinde führen. Am besten klebst du deine Messerklinge dazu mit Tape ab und lässt nur die Messerspitze frei. Dann kannst du das Messer an der Klinge festhalten und mit der Spitze die Linien deines Musters in die Rinde ritzen.

2 Wenn du breite-re Linien als Muster anfertigen willst, entfernst du einfach noch die Rinde zwischen zwei eingeritzten Linien mit dem Daumen-schieber und einer ganz flach geführten Klinge.

SCHWIERIGKEITSGRAD

○ ○ ○ easy
○ ○ ○ machbar
○ ○ ○ für Profis

ÜBUNGS-MODELL 1

Zauberstab ● ○ ○

MATERIAL

⚬ Haselnusszweig ⚬ Schnitzmesser

1 An einem Zauberstab kannst du alle nötigen Schnitz-techniken üben, die du für deine anderen Projekte benö-tigst. Zuerst kannst du die Spitze mit einem ziehenden Schnitt ein wenig dünner schnitzen.

2 Um eine Kugel in den Zauberstab zu schnitzen, musst du zwei Stoppschnitte in einer Entfernung von ca. 2 cm anfertigen, die rund um den Stab laufen.

3 Dann schnitzt du von beiden Seiten mit dem Daumen-schieber auf die Stoppschnitte zu, bis sich in der Mitte eine Kugel abzeichnet. Achte darauf, die Kerben ober- und unterhalb der Kugel nicht zu tief zu schnitzen, damit der Zauberstab nicht zerbricht!

4 Für ein Rindenmuster schnitzt du mit einer abgeklebten Klinge, beispielsweise eine Zickzack-Linie. Parallel dazu schnitzt du eine zweite Linie und entfernst mit ganz flachen Schnitten vorsichtig die Rinde zwischen den beiden Linien.

5 Für eine Spirale zeichnest du dir diese mit Bleistift auf den Zauberstab auf und fährst mit der Messerspitze einer abgeklebten Klinge an dieser entlang. Drücke die Messerspitze dabei etwa 1 mm tief ins Holz. Dann wendest du den Daumenschieber an und schnitzt um die Spirale eine umlaufende Kerbe ein.

Spalten

Für einige Projekte benötigst du nur einen halben Ast. Also musst du ein Rundholz entlang der Faserrichtung in zwei Hälften spalten. Sicherer als mit dem Beil geht das mit der Messer-Spalt-Technik. Du brauchst ein Schnitzmesser mit einer feststehenden Klinge und einen Klüpfel. Stelle dein Holzstück aufrecht auf eine stabile (!) Unterlage, am besten einen Arbeitstisch oder einen Hackklotz. Setze das Messer an der Stelle auf das Holz, wo du den Spalt benötigst. Halte den Messergriff gut fest und schlage mit dem Holzklüpfel (oder einem Ast) auf die Klinge. Bei frischem Holz sollte das Messer gut ins Holz dringen und deinen Ast spalten.

1 Du kannst die Messer-Spalt-Technik auch in Kombination mit einem Stoppschnitt anwenden. Wichtig ist dabei, dass du die Klinge exakt so ansetzt, dass sie auf jeden Fall auf den Stoppschnitt trifft. Wenn du das Messer zu weit innen ansetzt, kann es sein, dass du am Stoppschnitt vorbei spaltest und dein Projekt zerstörst.

Schmirgeln

Mithilfe von Schmirgelpapier kannst du dein Holz glätten oder letzte Kohlereste entfernen. Je größer die auf der Rückseite angegebene Zahl ist, desto feiner ist die Körnung und umso zarter das Ergebnis. Ein Blatt Schmirgelpapier liegt bereits hinten im Buch für dich bereit.

EXPERTENTIPP

Einen Klüpfel (Schlagholz) kannst du dir leicht aus einem etwas dickeren Ast selber machen. Markiere dir deinen Griff und säge entlang der Markierung deinen Stoppschnitt rund um den Ast. Dann einfach mit der Messer-Spalt-Technik den Griff herausarbeiten und noch mit dem Schnitzmesser glätten. Fertig ist der Holz-Klüpfel.

SCHNITZ MIT!

EXPERTENTIPP

Nutze das Schmirgelpapier erst, wenn dein Projekt einige Tage getrocknet ist, sonst fransen die Fasern nur noch mehr aus und dein Schmirgelpapier ist ruckzuck mit den feuchten Holzfasern zugesetzt und schmirgelt nicht mehr!

Holz und Farbe

Acrylfarben haften prima auf Holz. Besonders leuchtend wirken sie, wenn du zuerst alles weiß grundierst und erst nach dem Trocknen der weißen Schicht die farbige Bemalung aufsetzt. Verwende Acrylfarben nicht für Besteck. Für das Kubbspiel eignen sie sich hervorragend!

Du kannst auch experimentieren und ungiftige Pflanzen zum Färben verwenden: Mit **Holunderbeeren oder Roter Beete** lässt sich beispielsweise prima färben. Teste das doch an deinem Krokodil von Seite 58 das so zu einem Drachen wird.

Hast du es besonders eilig, dann kannst du bunte **Klebepunkte** aufkleben und diese mit einer Schickt Klarlack fixieren.

Ich empfehle aber eine andere Art des Färbens. Diese ist lebensmittelecht, ungefährlich und hat eine wunderschöne Aquarell-Optik: Stelle deine Modelle in ein Bad aus kaltem Wasser und **Lebensmittelfarbe**. Gerade bei geschnitzten Löffeln etc. kannst du so sicher sein, dass du nichts Ungesundes in den Mund bekommst. – Übrigens gehen auch Ostereierfärbetabletten.

Brandmalerei mit Brennstempeln

1 Arbeite mit einem Erwachsenen zusammen: In ein Ende deiner Äste schlägst du jeweils einen Nagel oder schraubst eine Schraube 1 cm tief ein. Verjünge den Ast etwas zur Metallspitze hin. Fertig ist der Brennstempel für runde Muster.

2 Um Linien in deine Schnitzereien zu brennen, eignet sich eine Drahtschlaufe gut. Dazu bohrst du einfach in ein Ende eines Asts zwei Löcher im Abstand von 5 mm, biegst ein Stück Draht zu einem U und steckst die offenen Enden in die beiden Löcher.

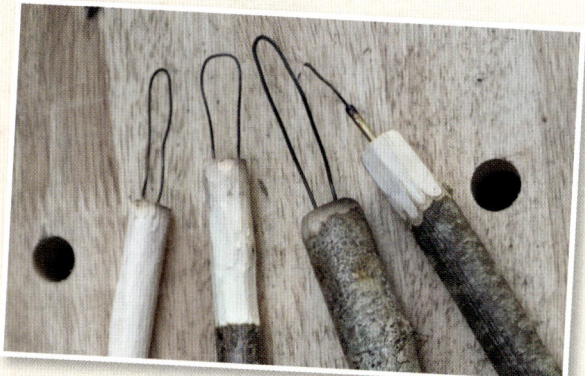

3 Um die Holzgriffe vor der Hitze zu schützen, kannst du sie vorab eine halbe Stunde in Wasser legen. Zum Erhitzen der Brennstempel entzündest du in der Dose ein kleines Feuer und legst die Brennstempel mit den Metallenden auf den Rand der Dose, so dass sie sich über den Flammen befinden.

MATERIAL:

- 5–10 Haseläste, ø 2 cm, ca. 15 cm lang
- Nägel mit unterschiedlich großen Köpfen
- Kreuz- und Schlitzschrauben
- Draht, ø 2 mm
- Hammer
- Schraubenzieher
- Bohrer, ø 2 mm
- Konservendose
- Schnitzspäne

4 Wenn die Metallteile heiß sind, kannst du mit den Stempeln verschiedene Muster in deine Schnitzereien brennen.

Ölen

Geschältes Holz zeigt seine Maserung intensiver, wenn du es einölst. Es eignet sich dazu jedes Speiseöl. Gib etwas (Sonnenblumen-)Öl auf ein weiches Tuch und reibe dein Werkstück damit ein. Wiederhole das Ölen etwa drei Mal. Auch deine mit Lebensmittelfarbe gefärbten Modelle kannst du so fixieren.

Klebriges Harz

Wenn man mit Nadelholz arbeitet, bekommt man häufig Harz an die Hände, das man mit Wasser und Seife nur schwer weg bekommt. Um die Hände vom Harz zu reinigen, reibst du sie mit etwas Olivenöl ein. Das Öl löst das Harz und es kann nun mit Seife und Wasser abgespült werden.

ÜBUNGS-MODELL II

Quirll ●○○

MATERIAL

• Fichten- oder Tannenwipfel • Astschere • Schnitzmesser • Säge • Sandpapier

1 Verwende euren ausgedienten Christbaum. Säge den Wipfel unterhalb des zweiten Rings von oben ab. Mit der Astschere kannst du nun auch den Ring oberhalb anschneiden, sodass ein etwa 20 cm langer, senkrechter Stiel aus dem unteren Ring ragt.

2 Die Zweige aus dem Astring schneidest du jetzt mit der Astschere auf eine Länge von 5 cm ab. Mit dem Messer schälst du nun die Rinde und die Nadeln von den Ästen ab.

3 Jetzt musst du nur noch die Ecken und Enden mit Messer und Sandpapier glätten und schon ist dein Quirl fertig.

Sägen

1 Wenn du einen frischen Ast absägen willst, benutzt du eine Astsäge mit groben Zähnen. Halte den Ast mit einer Hand fest und säge mit gleichmäßigen Zügen ins Holz. Achte darauf, dass du beim Ziehen mehr Kraft aufwendest und beim Schieben weniger, dann läuft die Säge am besten.

Bei dickeren Ästen kannst du auch mit zwei Händen am Griff der Säge arbeiten. Bevor du den Ast komplett absägst, schaust du dich nochmal um, ob niemand in der Nähe steht und von dem herunterfallenden Ast getroffen werden kann!

2 Wenn du einen Schnitt an einem überhängenden Ast planst, ist es gut, wenn du zuerst an der Unterseite des Astes einen kleinen Schnitt machst. So reißt das Ende nicht aus und schädigt den Baum nicht unnötig.

3 Beim Ablängen (Kürzen) der geschnittenen Äste ist es wichtig, sie vor dem Sägen zu fixieren. Nutze hierfür eine Werkbank, eine Schraubzwinge, einen Spanngurt, einen Sägebock oder einen Partner. Führe die Säge gerade entlang deiner Markierung. Achte darauf, dass das Sägeblatt immer

mit dem Griff in einer Linie bleibt, sonst blockiert deine Säge und es wird sehr schwer, weiter zu sägen.

4 Auch wenn du mit einer feinen Säge arbeitest, fixiere dein Werkstück zuerst sorgfältig und ziehe die Säge mit einem ruhigen und gleichmäßigen Zug durch das Holz. Versuche mit wenig Druck zu arbeiten.

REGELWERK

Diese Regeln gelten beim Schnitzen. Immer!

Finger schützen

Ein Messer ist ein scharfes Werkzeug, mit dem du behutsam umgehen musst. Schnitzen schult die Motorik und dieser Effekt wird mit Handschuhen meines Erachtens abgeschwächt. Du kannst aber auch stattdessen Daumen und Zeigefinger mit Tape umwickeln.

Wenn du sehr unsicher bist, kannst du aber am Anfang auch Schnittschutzhandschuhe tragen. Achte darauf, dass diese dir gut passen, also nicht zu groß oder zu klein sind.

Im Sitzen schnitzen

Laufe nie mit deinem offenen Schnitzwerkzeug in der Hand herum. Das Schnitzmesser gehört zum Herumlaufen in seine Hülle! Da die Schnitzwerkzeuge sehr scharf sind, solltest du nur im Sitzen schnitzen. Stelle deine Füße fest auf den Boden, so hast du einen guten Halt. Sitze bequem und sicher (nicht kippeln!).

Abstand halten

Halte am besten mindestens zwei Armlängen Abstand zu anderen Kindern in deiner Nähe. Falls du beim Schnitzen mit deinem Werkzeug abrutschst, wird so niemand verletzt.

Geduld!

Ganz wichtig für das Schnitzen ist eine Eigenschaft: Geduld. Versuche nie in Eile „schnell noch etwas fertig zu schnitzen"! Das geht meistens schief. Entweder du zerstörst dein Schnitzprojekt oder du verletzt dich dabei. Zum Schnitzen gehören immer Ruhe und Gelassenheit!

Vom Körper weg schnitzen

In Richtung der Holzmaserung schnitzen

Das ist nicht ganz so anstrengend, das Messer verhakt sich nicht so leicht und so minimiert sich auch die Verletzungsgefahr.

Mit dem Messer nicht herumlaufen

Vorsichtig übergeben

Wenn du ein Messer übergibst, fasst du den Messergriff zwischen Daumen und Zeigefinger und richtest den Griff auf die Person, der du es übergeben willst. Die Schneide deines Schnitzmessers zeigt dabei nach oben, damit sie dir nicht in die Hand schneiden kann, wenn dein Gegenüber das Messer aus deiner Hand nimmt. Schaut euch dabei immer an, um zu überprüfen, dass ihr beide auf die Übergabe konzentriert seid.

Das Messer nicht als Waffe verwenden

Das versteht sich von selbst, oder?

Das Messer schützen

Räume dein Schnitzwerkzeug nach dem Schnitzen sofort auf, sodass sich andere Kinder nicht ausversehen daran verletzten können. Am besten wählst du einen trockenen Ort aus und reibst die Klinge deines Schnitzmessers dünn mit etwas Öl ein, so verhinderst du, dass dein Werkzeug rostet.

SCHNITZREGELN

- [✓] FINGER SCHÜTZEN

- [✓] IM SITZEN SCHNITZEN

- [✓] ABSTAND HALTEN

- [✓] GEDULD!

- [✓] IN RICHTUNG DER HOLZMASERUNG SCHNITZEN

- [✓] VOM KÖRPER WEG SCHNITZEN

- [✓] MIT DEM MESSER NICHT HERUMLAUFEN

- [✓] DAS MESSER NICHT ALS WAFFE VERWENDEN

- [✓] DAS MESSER SCHÜTZEN

DOWNLOAD

Diese Schnitzregeln kannst du ausdrucken und beim nächsten Schnitz-Event prominent aufhängen. Sie stehen zum Download für dich bereit. Der Downloadcode steht im Impressum auf Seite 92.

LAGERFEUER
Was zu beachten ist

Klar ist Feuer heiß. Logisch ist auch, dass man sich nicht gegenseitig mit den Wurststecken piekt. Es gibt aber auch sonst noch einiges zu beachten:

1 Ein offenes Feuer im Wald ist in Deutschland erstmal allgemein verboten! Es gibt jedoch öffentliche Feuerstellen, bei denen es erlaubt ist, wenn es aktuell kein Feuerverbot wegen Trockenheit gibt. Informiere dich also vorab beim Förster oder auf dem Rathaus, ob es aktuell ein Feuerverbot gibt!

2 Räume vor und nach dem Grillen die Feuerstelle gut auf. Davor? Ja, wenn das Feuer einmal brennt, kannst du nicht mehr so nah hingehen. Manchmal liegen Flaschen oder anderer Müll in der kalten Asche – diese könnten in der Hitze explodieren. Achtet darauf, dass sich das Feuer nicht über herumliegende trockene Äste oder im Moos ausbreiten kann. Stelle vorab alle Sitzgelegenheiten rundherum auf.

3 Wenn du mit deinen Eltern oder Freunden ein Feuer machst, müsst ihr immer darauf achten, dass ihr das Feuer unter Kontrolle habt. Es sollte immer ein Eimer Wasser oder Sand bereitstehen, um im Notfall oder wenn ihr die Feuerstelle verlasst das Feuer löschen zu können.

4 Um ein Lagerfeuer in Gang zu bekommen, benötigst du trockenes Holz in verschiedenen Größen. Feuchtes Holz raucht! Behandeltes, also gebeiztes oder lackiertes Holz könnte beim Verbrennen Giftstoffe ausgasen. Sammle alte, trockene Äste und Borke vorab und lege sie neben der Feuerstelle bereit: Sammle nur totes, altes Holz. Ob das Holz trocken genug ist, kannst du prüfen, wenn du es zerbrichst. Dabei hört man bei trockenem Holz ein lautes helles Knacken. Breche oder schneide keine frischen, grünen Äste ab!

5 Schichte dünne Äste zu einer Pyramide oder einem luftigen Stapel auf. Du benötigst nicht unbedingt einen Grillanzünder. Wenn du trockene Schnitzspäne hast oder kleine Zweige, dann genügt das völlig. Als „Zunder", also Starthilfe eignet sich trockene Birkenrinde hervorragend. Nimm zum Entzünden am besten ein Stabfeuerzeug.

6 Die dicken Äste legst du erst nach und nach auf. Große Klötze erst zum Schluss, wenn alles schon ein Weilchen brennt. Sie ergeben eine gute Glut, die sich prima zum Kochen eignet.

7 Manchmal ist weniger mehr: Lass die Flammen nicht so hoch lodern, dass sie überhängende Bäume erreichen könnten.

8 Lass dein Feuer nie unbeaufsichtigt brennen.

9 Tabu: Papier oder Laub steigt beim Verbrennen oft als große Aschefetzen auf und könnte einen Wald- oder Grasbrand verursachen. Auch Müll darf nicht verbrannt werden.

10 Zündle nie irgendwo! Feuer sind nur an gekennzeichneten Grillstellen erlaubt – denn auch bei uns herrscht in trockenen Sommern Waldbrandgefahr.

11 Einige Schnitzmodelle in diesem Buch werden mithilfe von Feuer und Hitze erstellt. Lass dir dabei jedes Mal von einem Erwachsenen helfen.

12 Die Lagerfeuerrezepte schmecken nicht nur köstlich, sie sind auch ganz besonders gesellig in ihrer Zubereitung. Oft garen die Zutaten lange, sodass man sich in dieser Zeit unterhalten kann oder vielleicht auch mal miteinander (Räuberlieder) singt. Feuerfrieden: rund um das Lagerfeuer wird nicht gerannt, geschubst oder gestritten!

13 Gut ist, wenn jede(r), die lange Haare hat, diese zurückbindet.

14 Wenn du nach Hause gehst, stellst du davor sicher, dass keine Glutnester zurückbleiben. Kratze die Reste deines Feuers mit einem Stock auseinander.

LAGERFEUER-REGELN

[✓] DU BRAUCHST EINEN ERWACHSENEN ASSISTENTEN

[✓] VERWENDE TROCKENES HOLZ

[✓] LASS DEIN FEUER NIE UNBEAUFSICHTIGT

[✓] AM FEUER HERRSCHT FRIEDEN!

[✓] „WILDE" FEUER SIND ILLEGAL

DOWNLOAD

Diese Lagerfeuerregeln kannst du ausdrucken und beim nächsten Feuer-Event prominent aufhängen. Sie stehen zum Download für dich bereit. Der Downloadcode steht im Impressum auf Seite 92.

BUCHEMPFEHLUNGEN FÜR DICH

Noch mehr kreative Bücher zum gleichen Thema gesucht?

ISBN 978-3-7724-8460-5

ISBN 978-3-7724-8423-0

ISBN 978-3-7724-4268-1

ISBN 978-3-7724-8422-3

ISBN 978-3-7724-7626-6

ISBN 978-3-7724-7653-2

ISBN 978-3-7724-7698-3

ISBN 978-3-7724-4380-0

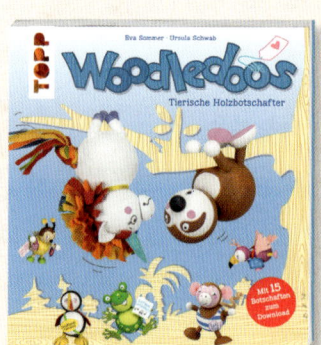

ISBN 978-3-7724-7895-6

Noch mehr Kreativ-Bücher findest du auf www.TOPP-kreativ.de

ISBN 978-3-7724-4513-2

ISBN 978-3-7724-8483-4

ISBN 978-3-7724-7747-8

ISBN 978-3-7724-8420-9

ISBN 978-3-7724-7551-1

ISBN 978-3-7724-8482-7

ISBN 978-3-7724-4359-6

ISBN 978-3-7724-7172-8

ISBN 978-3-7724-5343-4

Noch mehr Kreativ-Bücher findest du auf www.TOPP-kreativ.de

IMMER INFORMIERT, IMMER INSPIRIERT –
DIE GANZE WELT VON TOPP AUCH IM NETZ

Webseite

Die neuesten Trends, die schönsten Kreativbücher und die
aktuellsten Informationen auf unserer Webseite
Schau mal vorbei und stöbere in unserem riesigen Angebot
von mehr als 1000 Kreativbüchern, Sets und mehr:

www.TOPP-kreativ.de

Newsletter

Bunt, überraschend und immer aktuell – immer auf
dem Laufenden mit unserem Newsletter
Noch heute anmelden und regelmäßig Informationen,
Tipps und Neuheiten erhalten:

www.TOPP-kreativ.de/Newsletter

Facebook

Werde Teil unserer Communitys Mitstrickzentrale
fürs Handarbeiten und Bastelzentrale für die
Themen Basteln, Bauen, Dekorieren & DIY. Du
findest uns unter:

www.facebook.com/Mitstrickzentrale
www.facebook.com/Bastelzentrale

Digitale Bibliothek

Tutorial-Videos, Plotter-Dateien, Vorlagen
zum Ausdrucken, Übungsblätter etc.
Zu vielen TOPP-Büchern gibt es digitale Extras. Schau im
Impressum: Wenn dort ein Freischaltcode abgedruckt ist, dann
besuche die Digitale Bibliothek auf unserer Webseite, regis-
triere dich einmalig und schalte deine Zusatzmaterialien frei:

www.TOPP-kreativ.de/DigiBib

Instagram

Live dabei mit ständig aktuellen News aus dem frechverlag
Willst du wissen, was bei uns gerade passiert und woran wir
arbeiten? Dann folge uns auf Instagram. Möchtest du uns an
deinen Kreativprojekten teilhaben lassen? Dann poste doch
gleich ein Foto mit dem Hashtag **#frechverlag** und wir stellen
dein Werk gerne der Community vor:

www.Instagram.com/frechverlag

Pinterest

Neue Bücher, neue Ideen und die Menschen, die sie machen
du bist auf der Jagd nach den neuesten Ideen und aktuellen
Trends im DIY-Bereich? All das gibt es auf den Pinnwänden
des frechverlags unter:

www.Pinterest.com/frechverlag

Youtube

Ein Video sagt oft mehr als tausend Worte
Du möchtest neue Techniken ausprobieren, Autoren
kennenlernen oder einmal hinter die Kulissen unserer
Buchproduktionen schauen? Dann abonniere den
Kanal des frechverlags unter:

www.YouTube.com/frechverlag

WER WIR SIND,
WIE WIR ARBEITEN,
WAS WIR LIEBEN ...

Folge uns auf Instagram, Facebook und Pinterest, um mehr über uns und unsere Arbeit zu erfahren und immer mit den neuesten Informationen versorgt zu sein.

ALLE NEWS, ALLE INFOS UND ALLE LINKS
FINDEST DU AUF WWW.TOPP-KREATIV.DE

Die Spiel- und Sicherheitsregeln aus diesem Buch sowie eine Zielscheibe stehen für dich zum Download bereit. So lautet der **Downloadcode: 11194** Also nur noch schnell registrieren: **www.topp-kreativ.de/digibib**

IMPRESSUM

AUTOR (MODELLE, TEXTE, ARBEITSSCHRITTFOTOS): Markus Stickling
FOTOGRAFIE: frechverlag GmbH, 70499 Stuttgart; freepik, Pflanzenfreisteller, sowie Bach (S. 2), Pickwick (S. 3), Wald und Mädchen (S. 4), Grillszene (S. 5), Feuer (S. 33, 64, 87); Shutterstock (captureandcompose: Holzscheibe; MNStudio: Lagerfeuerszene Cover und S. 9; Sarawut Opkhonburi: Rinde), alle übrigen Michael Ruder, Stuttgart
LEKTORAT: Cora Friedrich, Anja Klett
PRODUKTMANAGEMENT: Anja Klett
COVERGESTALTUNG: Sandra Preinl
HERSTELLUNG: Katrin Röhlig
GESTALTUNG UND SATZ: Katrin Röhlig
DRUCK UND BINDUNG: Livonia Print SI, Lettland

1. Auflage 2020
© 2020 frechverlag GmbH, Turbinenstraße 7, 70499 Stuttgart
ISBN 978-3-7724-4980-2 • Best.-Nr. 4980

MARKUS STICKLING

Jahrgang 1972, wuchs in einem Dorf bei Soest im Westfälischen auf. Nach dem Abitur 1991 und anschließendem Zivildienst ging er 1993 nach Freiburg im Breisgau, um Biologie und Geographie zu studieren. Nach dem Studium folgte die Ausbildung zum Naturpädagogen bei der Naturschule Freiburg e.V. Seit 2006 arbeitet Markus Stickling als freischaffender Naturpädagoge. Bei zahlreichen Ferienfreizeiten und Schullandheimen spielte das Grün- holzschnitzen mit Kindern und Jugendlichen eine große Rolle. Seit zehn Jahren gibt Markus Stickling auch als Kursleiter u. a. bei der Naturschule Deutschland e.V. sein Wissen zum Schnitzen mit Kindern in Fortbildungen und Kursen auch an Erwachsene weiter. Außerdem leitet er regelmäßig Schnitzkurse für Familien beim Waldhaus in Freiburg und dem Haus der Natur auf dem Feldberg im Schwarzwald. Seit 2016 arbeitet er in Teilzeit als pädagogischer Mitarbeiter beim KonTiKi auf dem Mundenhof in Freiburg. Einen weiteren Schwerpunkt seiner Arbeit stellt die Lagerfeuerküche dar, die auch zu Hause im Garten mit der Familie oft zum Einsatz kommt.